PIERLUIGI ROMEO DI COLLOREDO

CÙIL LODAIR
IL SANGUE DEI CLAN

CHARLES EDWARD STUART, LA BATTAGLIA DI CULLODEN MOOR E LA FINE DELLA SCOZIA.

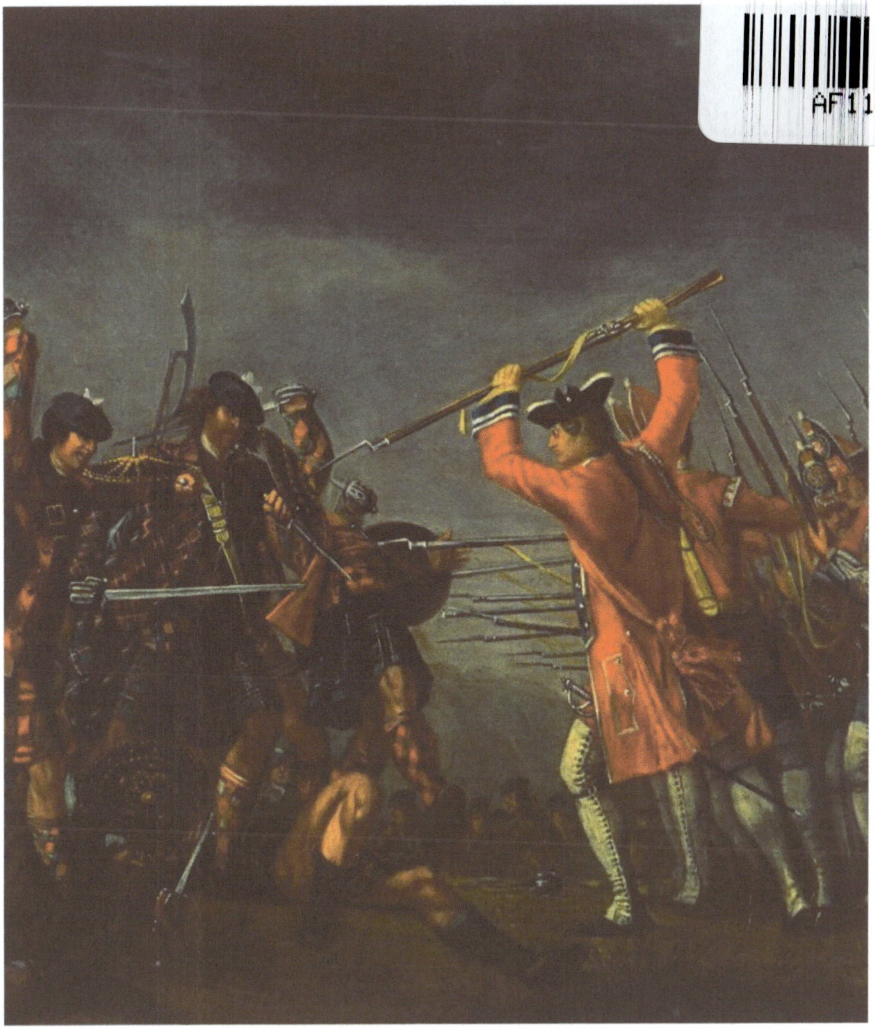

BATTLEFIELD 011

AUTORE - AUTHOR:

Pierluigi Romeo di Colloredo è nato a Roma l'11 febbraio 1966. Archeologo e storico, si è laureato in Lettere presso l'Università di Roma La Sapienza con tesi in Egittologia; si è specializzato in Archeologia Orientale (indirizzo egittologico) ed ha conseguito il Dottorato di ricerca presso l'Università degli Studi di Venezia "Cà Foscari". Ha prestato servizio militare come Ufficiale dei Granatieri di Sardegna ed è Capitano della Riserva qualificata. Appassionato di storia militare, è autore, a fianco della produzione scientifica legata alla sua attività, di numerosi saggi storici, e in particolare di una serie d'opere basilari sui reparti delle Camicie Nere, presenti anche nella Library of Congress di Washington e nelle biblioteche delle università di Berkeley, Stanford e Toronto; Emme Rossa! Le Camicie Nere sul Fronte Russo è stato citato tra i Reference Works su "Holocaust and Genocide Studies", Volume 23, Number 2, Fall 2009, rivista pubblicata dall'Università di Oxford.

NOTE AI LETTORI - PUBLISHING NOTE

Tutto il contenuto dei nostri libri, in qualsiasi forma prodotti (cartacei, elettronici o altro) è copyright Soldiershop.com. I diritti di traduzione, riproduzione, memorizzazione con qualsiasi mezzo, digitale, fotografico, fotocopie ecc. sono riservati per tutti i Paesi. Nessuna delle immagini presenti nei nostri libri può essere riprodotta senza il permesso scritto di Soldiershop.com. L'Editore rimane a disposizione degli eventuali aventi diritto per tutte le fonti iconografiche dubbie o non identificate. I marchi Soldiershop Publishing ©, e i nomi delle nostre collane - Soldiers&Weapons, Battlefield e War in Colour sono di proprietà di Soldiershop.com; di conseguenza qualsiasi uso esterno non è consentito.

None of images or text of our book may be reproduced in any format without the expressed written permission of Soldiershop.com. The publisher remains to disposition of the possible having right for all the doubtful sources images or not identifies. Our trademark: Soldiershop Publishing ©, The names of our series: Soldiers&Weapons, Battlefield, War in colour, PaperSoldiers, Soldiershop e-book etc. are herein © by Soldiershop.com.

BATTLEFIELD

BattleField, è la collana che analizza i campi di battaglia dal punto di vista "oggi e allora" Offrendo prospettive inedite ed interessanti per lo studio degli scontri principali della storia attraverso armi, uniformi e mappe storiche di eserciti e soldati impegnate nelle più famose campagne militari. La collana è caratterizzata da una linea di colore rosso sulla copertina.

ISBN: 9788896519936   1a edizione: Aprile 2016

Title: Battlefield 011 - CÙIL LODAIR - IL SANGUE DEI CLAN
Di Pierluigi Romeo di Colloredo. Editor: Soldiershop publishing in collaborazione con Italia Storica Ebook di Andrea Lombardi. Cover & Art Design: Luca S. Cristini. Illustrazioni a colori di Luca S. Cristini.

In copertina : La battaglia di Culloden
Cover: The battle of Breitenfeld, September, 17 1631.

PREFAZIONE

La battaglia combattuta a Culloden Moor il 16 aprile 1746 tra le truppe giacobite scozzesi del principe Carlo Edoardo Stuart, il Giovane Pretendente, e quelle britanniche di William Augustus di Hannover, duca di Cumberland, figlio di re Giorgio II di Gran Bretagna fu l'ultima battaglia combattuta sul suolo britannico, e dopo di allora nulla sarebbe più stato come prima: la Gran Bretagna libera dalla minaccia delle rivolte giacobite iniziate nel 1689 avrebbe iniziato il percorso indisturbato verso il più grande impero coloniale della storia e la rivoluzione industriale, mentre la Scozia avrebbe sofferto la distruzione violenta del millenario sistema sociale basato sui clan e del tradizionale modo di vita gaelico, la repressione e lo spopolamento, senza riprendersi mai più completamente. Ho cercato di mantenermi obbiettivo malgrado la parentela tra gli Stuart e la mia famiglia; mi rendo conto però di aver finito per trattare maggiormente di Carlo Edoardo Stuart e dei giacobiti che dei loro avversari; ciò per la natura delle fonti, e anche perchè indubbiamente i giacobiti sono molto più pittoreschi dei loro avversari. Non penso tuttavia di averli idealizzati, ma di averne tracciato pregi e limiti. Carlo Edoardo poteva apparire affascinante, sia per l'aspetto fisico, ben diverso da quello del coetaneo duca di Cumberland, obeso a venticinque anni, per il suo magnetismo e la sua simpatia: ciò non toglie che fosse un freddo calcolatore, spesso arrogante e già allora incline al bere ed agli scatti violenti, come avrebbero sperimentato le sue donne.

Questo libro, il primo così completo ed approfondito pubblicato in una lingua diversa dall'inglese, non solo in italiano, analizza lo svolgimento della prodigiosa campagna militare del 1745-46, iniziata con lo sbarco del Bonnie Prince Charlie in Scozia con solo sette seguaci, e che lo vide quattro mesi dopo invadere l'Inghilterra giungendo ad un centinaio di miglia da Londra, spazzare via due eserciti britannici a Prestonpans e Falkirk rispettivamente in cinque e dieci minuti, ed infine fuggire, dopo la sconfitta di Culloden, travestito da donna da un'isola all'altra delle Ebridi. La battaglia è analizzata minuto per minuto, sulla base di fonti finora mai rese accessibili al lettore italiano, smentendo le molte deformazioni di carattere nazionalistico e religioso, presentando la guerra per quello che fu, ed inserendola nel più vasto quadro europeo della Guerra di Successione Austriaca (1740-1748) e della lotta franco-britannica per l'egemonia nelle colonie: fu una guerra civile britannica, sostenuta dall'esterno, e non tra scozzesi e inglesi o tra cattolici e protestanti. Il lettore apprenderà come tra i britannici vi fossero più soldati scozzesi che nelle file giacobite (e come tra i giacobiti vi fossero volontari inglesi del Manchester Regiment), come tra i seguaci degli Stuard i cattolici non fossero che una minoranza[1], e come Carlo fosse e si sentisse per nascita, cultura e formazione molto più italiano che scozzese, nato e morto a Roma, tanto da attribuirsi il titolo di duca d'Albany come gioco di parole tra l'omonimo ducato scozzese ed Albano Laziale, dove abitava di preferenza. Ho completato il lavoro aggiungendo una guida al campo di battaglia per chi voglia visitarlo oggi: si tratta di un'esperienza veramente appagante, non solo per l'interesse storico del luogo, ma anche per l'eccellente centro visitatori ed il museo aperto nel 2007, veramente ben fatto e degno di una visita approfondita; un capitolo è dedicato alle ricerche archeologiche sul campo di battaglia, iniziate nel 2001 e tuttora in corso, che hanno permesso di riscrivere almeno in parte la storia della battaglia. Infine non sembri fuori luogo l'aver aggiunto un capitolo dedicato alle leggende che ancora oggi tengono vivo il ricordo di quella che fu l'unica battaglia persa dal Bonnie Prince Charlie, l'unica vinta dal duca di Cumberland, e l'unica i cui battle honour sono proibiti sulle bandiere britanniche. Le storie di fantasmi, tanto frequenti in Scozia, spesso legate a campi di battaglia come Killiecrankie o Glencoe, furono il modo in cui la memoria popolare tenne vivi i ricordi dei fatti storici avvenuti in quei luoghi, un legame diretto e ininterrotto tra i morti ed i vivi, che nemmeno la repressione britannica riuscì mai a spezzare, e che ancora oggi è vivissima nell'Invernesshire.

Pierluigi Romeo Di Colloredo

---

1 *Lo stesso Carlo fu un cattolico molto freddo, pur essendo fratello di un cardinale, tanto da abiurare temporaneamente diventando anglicano. Del resto fu sempre più interessato alla Massoneria del ramo stuardista, che portò alla nascita della Massoneria di Rito Scozzese ed agli Alti Gradi, diffusi in Francia e poi in Italia e Germania, opposta alla Massoneria inglese, legata ai Tre Gradi, cui appartenevano re Giorgio II e il duca di Cumberland: frattura questa tutt'oggi esistente, e di cui non è qui il luogo o il caso di discutere, rimandando alle numerosissime opere sull'argomento, p.e, R. F. Gould, The Concise History of Freemasonry, 2a London 1920, pp. 238 segg. Contrasti che videro le due massonerie su fronti opposti durante le guerre rivoluzionarie e napoleoniche, per esempio, con gli Scozzesisti su posizioni rivoluzionarie e i Massoni inglesi, prussiani etc apertamente conservatrici e restauratrici dello status ante quo. Il Cavaliere di Ramsay, padre della massoneria scozzese fu, per inciso, precettore del giovanissimo Principe a Roma tra il 1723 e il 1725.*

INDICE - CONTENTS:

Prefazione	Pag. 3
Avvertenza e Antefatto	Pag. 5
La strada per Edimburgo	Pag. 9
La battaglia di Prestonpans	Pag. 13
Da Falkirk a Culloden	Pag. 21
Ordini di battaglia	Pag. 27
Cuil Lodair	Pag. 31
Dopo la battaglia	Pag. 51
Billy the Butcher	Pag. 59
Il Principe Carlo dopo Culloden	Pag. 65
Il campo di battaglia oggi	Pag. 69
I fantasmi di Culloden	Pag. 76
Cronologia	Pag. 81
Bibliografia	Pag. 82

Come through the heather, around him gather,
Ye're all the welcomer early;
Around him cling with a your kin,
For wha'll be King but Charlie?
Come through the heather, around him gather
Come Ronald, come Donald, come a thegither;
And crown your rightfu lawfu King
For wha'll be King but Charlie?

(Canzone giacobita)

Lord, grant that Marshal Wade,
May by thy mighty aid,
Victory bring.
May he sedition hush and like a torrent rush,
Rebellious Scots to crush,
God save the King.

(Anonimo, God Save the King, 1745)

AVVERTENZA

Nel 1745 la Gran Bretagna non aveva ancora adottato il calendario gregoriano; tutte le date relative agli avvenimenti in Inghilterra e Scozia sono indicate secondo l'old calendar, arretrato di undici giorni rispetto alla corrispondente data gregoriana prevede: così la battaglia di Culloden Moor avvenne il 16 aprile 1746 secondo la datazione allora in uso, e il 27 aprile secondo il calendario gregoriano. Per la grafia dei nomi come da consuetudini si è scelto di utilizzare la forma italiana per i nomi dei regnanti; nel caso di Carlo Edoardo Stuart la forma italiana ci sembra più adatta di quella inglese, anche perché quella più utilizzata dallo stesso Carlo, nato, vissuto e morto in Italia.
Per quanto riguarda la grafia del cognome Stuart, si è preferita tale grafia piuttosto che Stewart, in quanto adottata ufficialmente dalla Casa reale dopo il soggiorno in Francia della regina Maria nel XVI secolo.

ANTEFATTO

Nel maggio del 1734 l'infante di Spagna, don Carlos di Borbone, il futuro Carlo III di Napoli e delle Due Sicilie, figlio del re di Spagna Filippo V, alla testa di un esercito formato da soldati spagnoli e mercenari italiani, tedeschi, macedoni e irlandesi, aveva strappato agli austriaci tutto il regno di Napoli, tranne le fortezze di Pescara, Gaeta e Capua, che continuavano a resistere.
Pescara fu la prima a capitolare, dopo trentotto giorni d'assedio, seguita da Capua, mentre l'esercito borbonico assediava la piazzaforte di Gaeta.
A luglio don Carlos si trovava a Napoli, preparandosi a raggiungere le truppe che assediavano piuttosto blandamente Gaeta; qui venne raggiunto da un ragazzo di quattordici anni, di alta statura e dal volto dai tratti delicati, con gli occhi azzurri dallo sguardo allegro, tipici dei paesi nordici, accolto trionfalmente dall'Infante e dal suo seguito, e soprattutto dai soldati irlandesi al soldo spagnolo. Il giovane era stato mandato dal padre per apprendere il mestiere delle armi, e la ragione della calorosa accoglienza era che, a dispetto del perfetto italiano dalla lieve cadenza romana e dell'altrettanto perfetto francese, il giovane era Carlo Edoardo, principe di Galles, o meglio Charles Edward Stuart, figlio di James Francis Edward, pretendente al trono di Inghilterra, Francia ed Irlanda come Giacomo III, e di Scozia come Giacomo VIII[1].
Colui che sarebbe diventato celebre come Bonnie Prince Charlie[2], the Young Chevalier o the Italian Chevalier[3], era nato a Roma, nel palazzo Muti Papazzurri a Piazza Santi Apostoli- lo stesso palazzo dove sarebbe morto nel 1788, la notte di Capodanno del 1720- salutato dalle salve di cannone sparate da Castel Sant'Angelo, alla presenza di ben sette cardinali e duecento nobili, come si addiceva al Principe di Galles che, si sperava, sarebbe diventato un giorno re di Gran Bretagna e dei suoi dominions.
Carlo Edoardo Luigi Giovanni Casimiro Silvestro Saverio Maria Stuart era figlio di James, che rivendicava il trono britannico come Giacomo III d'Inghilterra e Irlanda e VIII di Scozia, e della principessa polacca Maria Clementina Sobiewska, nipote del re di Polonia Jan Sobiewski, colui che aveva liberato Vienna dall'assedio turco nel 1783. Maria aveva sposato da pochi anni per procura James, mentre questi si trovava in Spagna per organizzare la rivolta che sarebbe finita sanguinosamente a Glenshiel, in Scozia, quando i 1.500 tra Highlanders e soldati spagnoli che dovevano liberare la Scozia erano stati rovinosamente sconfitti dalle truppe britanniche del generale Wighman, dopo che gli scozzesi se l'erano data a gambe abbandonando gli spagnoli. Deluso, l' Old Pretender era tornato in Italia, guadagnandosi il soprannome

---
1   Malgrado la sconfitta subita nella Guerra dei Cento Anni, i sovrani britannici conservarono la pretesa sul trono francese sino all'inizio del XIX secolo, sia pure solo formalmente.
2   Più che un vezzeggiativo, Charlie derivava qui dalla forma gaelica di Charles, Charlic o Charle.
3   I seguaci degli Hannover sottolineavano la presunta origine straniera di Carlo Edoardo Suart.

di Old Mister Melancholy e dedicandosi alla giovane sposa sedicenne, da cui ebbe l'erede tanto atteso dalla causa giacobita e cattolica.

Il giovane Carlo, o come lo chiamava affettuosamente il padre Carluccio, crebbe tra Roma, Albano e Bologna, allevato come il futuro re di Gran Bretagna, e si dimostrò portato solo verso due argomenti: la musica e la guerra, tanto che a sei anni era già in grado di cavalcare, di far sparare un cannone, di tirare con la balestra e di progettare fortificazioni, ma disinteressandosi totalmente di qualsiasi altra cosa; crescendo avrebbe avuto solamente un terzo interesse, le donne e il bere. Non è da pensare che fosse però di scarsa cultura: era portato per le lingue, e parlava l'italiano, l'inglese- con una curiosa costruzione basata sull'italiano- il francese ed il latino; nel 1745 avrebbe appreso il gaelico.

Il suo modello immediato era il padre, che nel 1709 aveva combattuto contro l'esercito della sorella, la regina Anna d'Inghilterra[4], guidato da John Churchill, duca di Malborough, nelle file della Maison du Roi del Re Sole, caricando ripetutamente le linee britanniche a Malplaquet, e che aveva capeggiato, dopo esser sbarcato in Scozia ed innalzato lo stendardo reale, la rivolta del 1715 culminata nella battaglia di Sheriffmuir, rivolta che avrebbe costituito il modello per quella ben più importante capeggiata dal figlio trent'anni dopo. Ma il padre sembra provasse maggiori simpatie per Enrico duca di York, il figlio più piccolo e più portato allo studio- dopo una breve esperienza militare all'assedio di Anversa diverrà cardinale e vescovo di Frascati- provocando per reazione in Carlo il desiderio di primeggiare per attirare l'attenzione su di sé, rendendolo competitivo, istrionico e egocentrico[5].

Carlo Edoardo useremo il nome italiano, come del resto fece egli stesso per tutta la vita- venne accolto come se fosse il futuro re d'Inghilterra, salutato come il Principe di Galles, e salpò con Carlos alla volta di Gaeta. Tra i due nacque una forte simpatia: per don Carlos avere a che fare col giovane e allegro Stuart ed il suo giovanile entusiasmo fu, come scrive sir Harold Acton nella sua storia dei Borbone di Napoli, un vero sollievo dopo tanto sussiego spagnolo[6]. Per la prima volta Carlo diede prova della sua straordinaria capacità di catturare la simpatia delle persone appartenenti alle più diverse classi sociali, e di rendersele

---

[4] *Anna era figlia di Giacomo II e di Anna Hyde, James di Giacomo e della sua seconda moglie, Maria Beatrice d'Este.*

[5] *Se la fonti scozzesi esaltano il carattere del principe come gentile, alla mano e intelligente, autori che lo conobbero come il filosofo Helvetius o Vittorio Alfieri (il quale però aveva con Carlo un fatto personale, essendo fuggito con la moglie del Giovane Pretendente, Amalia di Stolberg, e quindi aveva ogni interesse a presentare lo Stuart nella peggior luce possibile) lo descrivono come arrogante, presuntuoso, un ottuso ubriacone violento ed esibizionista.*

[6] *Harold Acton, The Borbouns of Naples (1734- 1825), London 1956 (trad.it. I Borboni di Napoli (1734- 1825), Firenze 1997, pp. 26-27).*

fedeli fino all'estremo: a Gaeta divenne popolarissimo non solo tra il seguito di don Carlos, ma anche tra i soldati spagnoli, italiani e valloni, conquistati dalla capacità linguistica e dal magnetismo personale del giovanissimo principe di Galles, capacissimo di abbandonare la sua consueta albagia, nel trattare con i soldati semplici ed i contadini e le fasce più basse della popolazione attirando la simpatia della folla.

Qui il Giovane Pretendente, come era chiamato dai wighs seguaci della casa di Hannover, dimostrò un coraggio eccezionale per un ragazzo della sua età, portandosi nelle trincee avanzate durante un bombardamento di artiglieria che aveva costretto i generali spagnoli ad allontanarsi velocemente, entrando in una casa bersaglio dei cannoni nemici per osservare le posizioni austriache[7].

Quando venne aperta la breccia decisiva, Carlo fu tra i primi ad entrare nella città, e quando la guarnigione austriaca, indebolita dalla fame e dalle malattie, dovette capitolare il sei agosto, i due principi omonimi vi fecero l'ingresso solenne a cavallo, alla testa dei soldati spagnoli, per fare poi ritorno a Napoli per festeggiare la vittoria, e la nascita di una monarchia che sarebbe durata sino al 1861.

Mentre la galea reale navigava nelle acque del Tirreno, il tricorno del Giovane Pretendente volò i acqua, e mentre i marinai cercavano di recuperalo, don Carlos esclamò:

Non importa, sta nuotando verso l'Inghilterra e presto il suo proprietario andrà a riprenderlo; affinché possa avere anch'io qualcosa da riprendere, il mio lo accompagnerà.

E così dicendo gettò in mare anche il suo cappello, imitato dal seguito dei due principi che gettando i propri tricorni gridò:

in Inghilterra! In Inghilterra![8]

---

7   Peter Harrington, Culloden 1746, The Highland Clans' last Charge, Oxford 1993, p.21.
8   Acton, op.cit., p.27. Contrariamente a quanto si è comunemente scritto e si scrive da parte di autori di lingua inglese, i dieci giorni passati all'assedio di Gaeta non furono l'unica esperienza bellica di Carlo prima del 1745: il giovanissimo Principe di Galles partecipò alla campagna del 1734- 1735 nella pianura padana sotto il maresciallo duca de Noialles e re Carlo Emanuele III di Savoia: K.L. Klose, Leben des Prinzen Carl, aus dem Hause Stuart, (Grafen von Albany,) Prätendenten der Krone von Großbritannien, Leipzig 1842 (tr. ingl. Memoirs of Prince Charles Stuart, (Count of Albany), commonly called the Young Pretender; with notices of the

▶ Giacomo Francesco Edoardo Stuart (Londra, 10 giugno 1688 – Roma, 1° gennaio 1766) era figlio di Giacomo II Stuart, re di Scozia e d'Inghilterra, e della sua seconda moglie, Maria Beatrice d'Este, dei duchi di Modena e Reggio, entrambi esiliati dopo la Gloriosa rivoluzione.

Fu il pretendente giacobita al trono d'Inghilterra (Giacomo III) e di Scozia (Giacomo VIII). Ed è nel suo nome che venne combattuta la guerra giacobita.

◀ Prigionieri scozzesi catturati dopo la battaglia di Culloden. Questi ribelli vennero trattati con estrema durezza nelle carceri inglesi.

Dodici anni dopo, sotto una pioggia mista a nevischio, nel pomeriggio del 16 aprile 1746, nella brughiera di Cùil Lodair, anglicizzata in Culloden, a poche miglia da Inverness, migliaia di giacobiti morti o moribondi- i feriti vennero massacrati dai soldati inglesi e dagli scozzesi delle *Independent Highland Companies,* a colpi di baionetta o con i calci dei fucili, altri vennero bruciati vivi- e Carlo, dopo una discussione con O' Sullivan, il Quartiermastro e Aiutante Generale dell'esercito giacobita, che lo incitava ad abbandonare il campo di battaglia per non cadere prigioniero nelle mani dei soldati britannici, si allontanò sconvolto dal campo di battaglia, scortato dalla cavalleria di lord Elcho, ma, per un movimento brusco o uno scarto del suo cavallo, perse il cappello, il bonnet blu con la coccarda bianca e la lunga penna d'aquila.

Il cappello questa volta non cadde in mare, ma nel fango della brughiera, finendo sotto gli zoccoli dei cavalli; e anche questa volta si udirono delle grida, ma di un genere ben diverso: *Run, you cowardly Italian!* Ciò che accadde tra i due episodi, così simili e così differenti, sarà l'argomento di questo libro; cercheremo di analizzare i fatti per smontare leggende a carattere nazionalista, vedendo come ci fossero più scozzesi nell'esercito britannico che con Carlo, mentre al fianco di questi combatterono i volontari inglesi del Manchester Regiment; né fu, come troppo spesso sostenuto, una lotta tra cattolici e protestanti: Carlo era sì cattolico, ma nel 1750 si sarebbe convertito al protestantesimo, ciò che se fatto cinque anni prima lo avrebbe certamente favorito, salvo poi riconvertirsi al cattolicesimo, dimostrando come per lui la religione non fosse che un *instrumentum regni*, e su tutti i cinquanta principali clan scozzesi solo cinque erano cattolici, tanto che nell'esercito giacobita combatterono fianco a fianco cattolici, presbiteriani e anglicani, con il 75% dei giacobiti erano protestanti definiti *non juring Episcopalians*[9].

Né fu una guerra per l'indipendenza scozzese: i giacobiti miravano al trono del Regno Unito, e semmai la Scozia sarebbe stata solo la base di partenza per la conquista del resto della Gran Bretagna e l'istituzione di una monarchia assolutistica di ispirazione francese, come quella che tentò di imporre, a spese del parlamento, Giacomo II e che provocò la caduta della dinastia Stuart nel 1688. Base di partenza di ripiego, poiché i piani originali prevedevano uno sbarco del principe e delle truppe francesi del maresciallo de Saxe all'estuario del Tamigi in modo da occupare Londra: dovendo abbandonare tale disegno per il mancato appoggio francese, la Scozia divenne la seconda opzione; ma Carlo non si fidò mai completamente degli scozzesi, preferendo appoggiarsi ad ufficiali irlandesi, con risultati per nulla positivi. In realtà fu una guerra civile, in primis tra gli stessi scozzesi.

---

rebellion in 1745, I, London 1845, p. 112).
9   R.D. Cramon, *The Objectives of the National Trust of Scotland's Visitor Centre at Culloden Battlefield*, p.66. Il testo è scaricabile sul sito ufficiale del Culloden's Battlefield.

LA STRADA PER EDIMBURGO
(gennaio 1744 - settembre 1745)

Down by Lord Murray and Roy of Kildarlie;
Brave Mackintosh, he shall fly to the field wi' them;
These are the lads I can trust wi' my Charlie.
Follow thee, follow thee, wha wadna follow thee?
Long has thou lov'd an' trusted us fairly!
Charlie, Charlie, wha wadna follow thee?
King o' the Highland hearts, bonnie Charlie.

(Cam Ye By Atholl , canzone giacobita)

Non si può prescindere, come troppo spesso è stato fatto, dall'inquadrare gli eventi della guerra del 1745-1746 nel quadro più generale della Guerra di Successione Austriaca, che vedeva contrapposte l'Austria di Maria Teresa e l'Inghilterra di Giorgio II alla Francia di Luigi XV e alla Prussia del Grande Federico che insanguinò l'Europa e le colonie delle Indie Occidentali e Orientali, il Nord America dal 1740 al 1748.
Proprio nel quadro del primo grande scontro tra Inghilterra e Francia per la supremazia marittima e coloniale nei Caraibi, nell'America Settentrionale ed in India va collocato l'appoggio dato dalla Francia a Carlo Edoardo, appoggio che, se più sostanzioso e più tempestivo, avrebbe probabilmente cambiato la storia del mondo, si pensi solo alla conquista della Nuova Francia (Canada) e dell'India francese che non sarebbero forse mai avvenute[1]. Nel 1740 morì a Vienna l'imperatore Carlo VI d'Asburgo, lasciando erede dell'arciducato d'Austria, del ducato di Milano, dei regni di Boemia, e di Ungheria la figlia Maria Teresa. Le potenze europee, a cominciare dalla Prussia del re Federico II- che si sarebbe guadagnato di lì a poco l'appellativo de il Grande- la Francia di Luigi XV, la Spagna e la Baviera- il cui elettore avrebbe avuto per breve tempo la corona imperiale, che dal tardo Quattordicesimo secolo era rimasta ininterrottamente nelle mani della Casa d'Austria- nella speranza di spartirsi i territori asburgici; dalla parte di Maria Teresa si schierarono il Piemonte di Carlo Emanuele III, che in caso di conquista del ducato di Milano da parte dei gallo-ispani avrebbe visto circondato il suo regno dai possedimenti dei Borbone, e soprattutto la Gran Bretagna, la quale come al tempo della guerra di Successione Spagnola si alleò con l'Austria per cercare di circoscrivere l'espansione francese in Europa, e di porre fine all'influenza coloniale francese in India, in America del Nord e nei Caraibi, non solo e non tanto con una flotta potente ed un esercito mediocre, quanto con la sua potenza economica e commerciale con la quale riuscì sostenere Maria Teresa fino alla conclusione vittoriosa della guerra (escludendo la perdita della Slesia conquistata da Federico II, e che fu la causa della guerra dei Sette Anni). Dal canto suo il cardinale du Tencin, primo ministro di Luigi XV, decise di sfruttare la carta giacobita, facendo cadere il governo dei whigs e la deposizione della Casa di Hannover, ristabilendo la dinastia degli Stuart ed una monarchia cattolica ed assolutistica. Il progetto prevedeva lo sbarco di un esercito francese al comando del maresciallo di Francia Maurice de Saxe e di Carlo Edoardo Stuart, che nel dicembre 1743 era stato nominato dal padre Principe Reggente d'Inghilterra e Scozia, alla foce del Tamigi, nel Kent e nelle Highlands scozzesi, occupando Londra, innalzando lo stendardo reale e spingendo all'insurrezione i partigiani degli Stuart. Per partire inosservato da Roma, ed evitare le spie inglesi ed austriache che lo tenevano d'occhio continuamente, con la scusa di una battuta di caccia insieme al fratello Enrico duca di York e del duca Caetani di Sermoneta, Carlo lasciò Roma il 7 gennaio 1744, e si recò a Cisterna, ai margini delle paludi pontine, all'epoca tenuta di caccia dei duchi di Sermoneta, una zona rinomata per l'abbondanza di cervi, cinghiali, caprioli e uccelli palustri; niente di strano, considerando la passione del Principe di

---

[1] *La storia non si fa con i se, ma una Gran Bretagna stuardista non avrebbe visto il regno di Francia sostenere economicamente e militarmente le colonie americane in rivolta, con le ovvie conseguenze. Così come un accordo franco- inglese su Madras e Pondicherry non avrebbe mai permesso la nascita dell'impero coloniale vittoriano.*

Galles per le attività venatorie; la partecipazione di Carlo alle battute di caccia nella campagna romana e nelle paludi pontine era assai frequente, e non insospettì nessun informatore. A Cisterna simulando una brutta caduta dal proprio cavallo, prese commiato dal fratello e dal duca Caetani, dicendo loro che si sarebbe recato nel proprio palazzo di Albano per riprendersi e che li avrebbe raggiunti entro pochi giorni a Fogliano, presso il Circeo. Invece, alle tre del mattino del 9 gennaio partì segretamente per la Toscana viaggiando con un passaporto intestato al marchese Spinelli, diplomatico spagnolo, accompagnato solo da un servitore e giungendo a Massa la sera dell'11 gennaio. Da qui il Principe di Galles si imbarcò in incognito; Carlo raggiunse prima Genova, dove si fermò per la notte e dove per la prima volta dalla partenza da Roma poté dormire in un letto. Lasciata la Superba il giovane Stuart fece sosta a Savona, dove rimase fermo per una bonaccia durata sei giorni, ma quando il vento tornò favorevole fece la sua comparsa la squadra navale britannica dell'ammiraglio Mathews, che avendo saputo della scomparsa del Principe da Roma pattugliava la costa tirrenica alla sua ricerca. Carlo si portò allora a Finale, dove dopo aver affittata una feluca da pesca raggiunse Monaco la notte del 23, salpando il giorno successivo, per Antibes; di qui viaggiò sino a Parigi, dove cominciò incontrò il cardinale du Tencin e dove iniziò ad organizzare la spedizione, recandosi a Dunquerque per ispezionare le navi ed a prepararsi all'imbarco.

Ma l'invasione era destinata a non aver mai luogo, sia per la vigilanza della flotta inglese al comando di sir John Norris, sia soprattutto per una violenta tempesta che nel marzo 1744 disperse al largo di Brest la flotta francese. Ciò spinse il governo di Luigi XV ad accantonare definitivamente l'idea dell'invasione della Gran Bretagna concentrandosi invece sui teatri di guerra europei, inviando le truppe destinate a tale scopo sui fronti delle Fiandre, del Reno e dell'Italia settentrionale, e Carlo, scoraggiato, tornò a Parigi, dove visse in incognito per un anno a casa del filosofo Helvetius, continuando a ricevere visite e lettere di esponenti giacobiti, raccogliendo informazioni sulla situazione interna britannica, e a mantenere i contatti con gli ambienti ostili agli Hannover ed alla politica whig[2].

Malgrado la delusione, Carlo Edoardo Stuart decise di tentare lo stesso l'insurrezione. Dovette aspettare un anno. Carlo Edoardo si trovava a Parigi quando giunse la notizia della sconfitta inflitta l'11 maggio del 1745 dai francesi guidati dal maresciallo de Saxe all'esercito britannico ed alleato agli ordini del principe William Augustus di Hannover, duca di Cumberland, terzogenito di Giorgio II, a Fontenoy, nei Paesi Bassi Austriaci, che aveva fortemente indebolito il prestigio dell'Inghilterra e del suo sovrano, e con l'appoggio sia pure riluttante della Francia decise di imbarcarsi con il suo seguito di sette persone su una nave da corsa, che sarebbe stata messa a disposizione dai francesi, per fare vela alla volta della Scozia settentrionale, dove era più probabile riuscire a far insorgere i simpatizzanti giacobiti, i quali avevano già fatto sapere di essere pronti a prendere le armi solo in caso di sbarco di un esercito francese. A differenza dei nobili stuardisti inglesi, i lairds giacobiti potevano levare propri reggimenti privati in pochi giorni grazie al sistema feudale dei clan: alla chiamata alle armi del capoclan i suoi parenti ed i nobili legati da vincoli (sets) richiamavano i loro gentlemen, i piccoli proprietari benestanti, i quali venivano seguiti dai propri servitori, dai contadini e dai pastori, poco e male armati ma di natura combattiva, capaci di dormire all'aperto avvolti nel proprio plaid, di spostarsi rapidamente in terreni impervi sotto qualsiasi condizione climatica e legati ai propri capi da rapporti indissolubili di fedeltà di sangue[3]. La casa di Hannover non era popolare nel Regno Unito, tranne che in Irlanda. In Scozia, o meglio nelle Highlands i lairds[4] erano in gran parte favorevole agli Stuart- ma non tutti, anzi le eccezioni erano numerose e importanti: si pensi ai Campbell, nei vari setts del duca di Argyll, del conte di Loudon, dei Cawdor e dei Breadalbane, ai MacKay, o al duca di Sutherland- nei quali vedevano il mezzo per continuare a garantirsi quei privilegi feudali minacciati dalla modernizzazione della regione voluta dai britannici dopo il fallimento della rivolta giacobita del 1715 e di quella del 1719, cui era seguita la militarizzazione della regione da parte del generale Wade con la costruzione delle fortezze di Fort William, Fort Augustus e Fort George lungo il Great Glen fino a Inverness e al Moray Firth, l'apertura

---

2   J. Maxwell of Kirkonnell, esq., *Narrative of Charles Prince of Wales' Expedition to Scotland in the Year 1745*, Edinburgh 1841, pp. 11- 18. *le notizie sulla partenza dall'Italia di Carlo si trovano solo nel lavoro di James Maxwell of Kirkonnell (1708?-1762), capitano delle Horseguards di lord Elcho ed aiutante di campo del Principe: ciò induce a pensare che le vicende legate alla partenza di Carlo siano probabilmente dovute a colloqui con lo stesso Giovane Pretendente. Kirkonnell scrisse il suo libro a Parigi, dopo aver combattuto a Culloden; il testo rimase inedito sino al 1841: cfr "Maxwell of Kirkonnell, James", in Oxford Biographical Dictionary, sub voce. Si veda anche la scheda biografica sul sito ww.clanmaxwellusa.com/JMofKirk.htm*

3   *Ancor oggi il duca di Atholl, la cui famiglia ebbe tanta importanza negli avvenimenti narrati in questo libro, ha il diritto di possedere un esercito privato, l'unico di tutta l'Unione Europea, e l'unico reparto già giacobita presente a Culloden ad essere ancora esistente.*

4   *Parola scozzese corrispondente a lord.*

di strade militari e con il Disarming Act che tentò di disarmare i clansmen, con la leva di sei compagnie indipendenti di Highlanders lealisti per pattugliare la regione, cui seguì la costituzione, il primo luglio 1739, di un reggimento scozzese da impiegare nella regione della Highlands, il 43d Regiment of Foot, più tardi, e fino al 2006, 42nd, noto per il colore verde scuro e nero del tartan come Am Freiceadan Dubh in gaelico, Black Watch in inglese, un reparto destinato a diventare il più leggendario reggimento britannico[5], il cui compito era

... Disarmare gli Highlanders, prevenire i furti, assicurare i criminali alla giustizia, impedire ai ribelli e simili persone di abitare in questa parte del regno.

Ma soprattutto, ciò che gli scozzesi, sia delle Highlands che delle Lowlands, non perdonavano agli inglesi e contro il quale erano pronti a lottare era l'Act of Union del 1707 e l'abolizione del Regno di Scozia e del parlamento di Edimburgo, con l'eccezione dei covenanters presbiteriani, ferocemente ostili ai papisti Stuard. In Inghilterra la situazione era diversa: gran parte della nobiltà era legata a simpatie stuardiste, soprattutto tra la Country Gentry, l'aristocrazia di campagna cattolica, ma non solo, ma non esistendo una struttura feudale paragonabile a quella delle Highlands, anche la nobiltà più radicata nel territorio non sarebbe mai stata in grado di arruolare tanti uomini quanto i lairds scozzesi. Tuttavia sebbene da decenni i whigs avessero la maggioranza parlamentare, gli inglesi detestavano gli Hannover, considerati come tedeschi estranei all'Inghilterra ed al suo popolo, ritenendo che l'Elettore impoverisse il Regno Unito per arricchire il proprio principato tedesco, per il quale aveva coinvolto il Regno Unito in una guerra europea che non lo riguardava, per finanziare la quale aveva imposto tasse pesantissime: né il fatto che re Giorgio II durante la battaglia di Dettingen avesse indossato la divisa hannoveriana anziché quella inglese poteva esser vista con favore. Solo il ricordo degli atteggiamenti violentemente assolutistici e antiparlamentari di Giacomo II e la paura dell'imposizione del cattolicesimo romano come religione di Stato impediva anche ai liberali di appoggiare la causa giacobita: se gli Stuart fossero stati anglicani sicuramente gli Hannover sarebbero stati presto detronizzati.
Carlo riuscì ad ottenere dal banchiere parigino, ma di origini britanniche e simpatizzante giacobita, George Walters un finanziamento di 40.000 livres d'oro, credito che fu esteso più tardi a 120.000, per l'acquisto di armi; altro denaro ed aiuti il principe di Galles li ottenne grazie ai buoni uffici di Lord Charles O'Brian, visconte di Clare, comandante della Brigade Irlandaise di Luigi XV, che a Fontenoy si era coperta di gloria, il qualeò lo presentò a nobili fuorusciti irlandesi, cattolici e simpatizzanti giacobiti, che lo rifornirono di uomini, armi e denaro, ed anche della Elisabeth, una nave inglese catturata e usata come nave da corsa,

---

5   *Dal 28 marzo 2006 è diventato il III battaglione del Royal Regiment of Scotland*.

▶ *Lapide in memoria degli stuart in San Pietro a Roma. Opera insigne di Antonio Canova.*

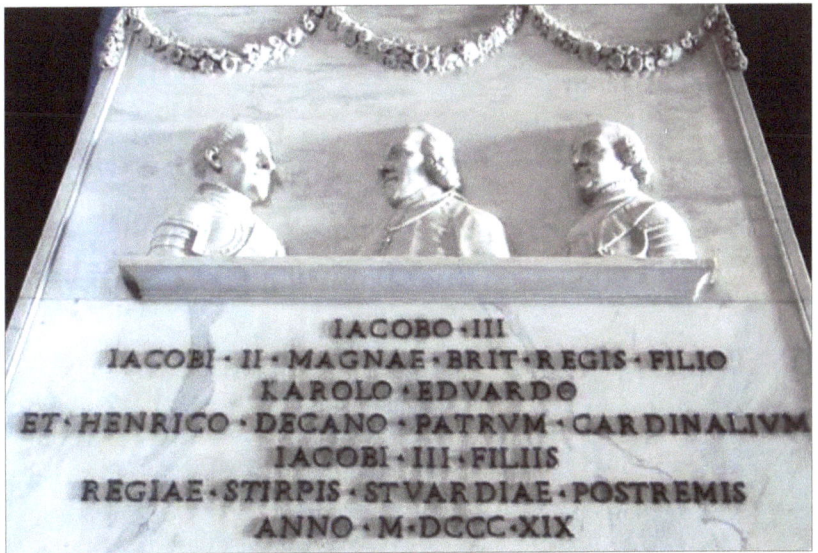

messa a disposizione da sir Walter Ruttlidge, che si preparò a salpare con a bordo cento volontari del reggimento Clare, 1500 moschetti,e1500 claidheamh mor, o, nella trascrizione inglese claymore- le lunghe spade tipiche delle Highlands; Carlo salì sulla nave corsara La Doutelle, armata con sedici cannoni, con un carico di moschetti, armi bianche e quattromila luigi d'oro. Il seguito di Carlo era costituito solo da stette persone, come detto, che divennero noti come i Seven Men of Moidart, solo uno dei quali scozzese, il banchiere Aeneas MacDonald, l'inglese Francis Strickland, già precettore del duca di York, e quattro irlandesi: sir John O'Sullivan, sir Thomas Sheridan, il reverendo George Kelly e sir John MacDonald, irlandese a dispetto del nome. La spedizione sarebbe dovuta essere scortata dall'intera brigata Irlandese, ma per la vigilanza della marina Britannica ne sbarcarono solo trecento, con una settantina di cavalieri del reggimento Fitz-James, veterani delle campagne del Reno e d'Italia, che combatterono molto bene anche a Culloden.

La Doutelle salpò da Nantes il 22 giugno 1745, riunendosi alla Elisabeth al largo della Bretagna il quattro luglio, salpando verso la Scozia; davanti a Lizard Point, in Cornovaglia, le due navi vennero intercettate ed attaccate dalla HMS Lion, una nave da guerra armata con sessantaquattro cannoni[6], che danneggiò la Elisabeth costringendola a tornare in Francia; la Doutelle invece proseguì verso la Scozia. Il comandante della Lion, il capitano Bull, pensò che si trattasse di due navi francesi dirette in America settentrionale, cosa che avveniva assai di frequente,h così non pensò ad avvertire l'Ammiragliato, e Carlo poté sbarcare ad Eriksay il 23 luglio senza incontrare altre navi inglesi.

L'inizio fu tutt'altro che incoraggiante: i nobili scozzesi non erano assolutamente inclini a impegnarsi senza l'appoggio di truppe francesi, ed il primo aristocratico incontrato da Carlo la mattina seguente il suo arrivo ad Eriksay, Alexander MacDonald of Boisdale, fratello minore di laird MacDonald of Clanrand, invitò il Principe di Galles a tornarsene a casa, perché non vedeva alcuna possibilità di successo. La risposta del Young Chevalier fu: Sono già tornato a casa, signore, e non ho nessun progetto di tornare da dove vengo; credevo che i miei fedeli Highlanders fossero al mio fianco.

In breve il carattere del Principe, il veder sbarcare armi francesi e i volontari irlandesi fecero sì che i MacDonald si unissero al principe, e anche i Cameron accettarono di incontrarlo. Il 19 agosto Carlo si incontrò a Glenfinnan con i capi del clan Cameron, tra cui Lord Lochiel, si presentò con una scorta di quattrocento uomini, in gran parte clansmen dei MacDonald di Clanranald e Morar; Lochiel gli giurò fedeltà, e i suoi ottocento uomini si unirono alla scorta di Carlo. Tra le acclamazioni degli Highlanders venne innalzato lo stendardo reale della Casa Stuard, una bandiera di seta, con un quadrato bianco in campo scarlatto, che venne benedetto dal vescovo cattolico Hugh MacDonald; il marchese di Tullibardine lesse il proclama dato in Roma nel 1743 da Giacomo III d'Inghilterra e VIII di Scozia con il quale si proclamava Carlo Edoardo principe reggente d'Inghilterra, Irlanda e Scozia, ed il proclama di Carlo, datato 15 maggio 1745, con il quale il Principe di Galles dichiarava che avrebbe eseguito le volontà di suo padre rivendicando gli indiscussi diritti degli Stuart suk trono dei loro antenati. Dopo ciò tutti i clansmen e i loro capi lanciarono i loro berretti in aria e inneggiarono per 3 volte, gridando a pieni polmoni viva R. Giacomo l'8, e Carlo P. di Galles, prosperità alla Scozia e no all'unione. Presto altri clan e altri uomini, Macdonald e Stuart of Appin, si unirono agli insorti giacobiti; e il 20, avendo appreso che la London Gazette aveva pubblicato il proclama dei Lord di Giustizia con cui si metteva una taglia di trentamila ghinee su Carlo Edoardo, questi rispose a tale insolente tentativo ponendo a sua volta una taglia dello stesso importo sulla testa dell'usurpatore Giorgio II.

---

[6] *Secondo K. L. Klose il capitano della HMS Lion si chiamava Brett e la nave era armata con cinquantotto cannoni (Klose, Leben des Prinzen Carl,cit. p. 179 della trad.ingl)*

LA BATTAGLIA DI PRESTONPANS
e l'invasione dell'Inghilterra (settembre- dicembre 1745)

Now Jonnie troth, ye were na blate,
Tae come wi' news o' your ain defeat,
And leave your men in sic a straight
So early in the morning.
'Faith', quo Johnnie, 'I had sic fegs,
Wi' their claymores and their philabegs,
If I face them again Deil brak ma legs,
So I wish you a' good morning.

(A. Skirving, Hey Johnnie Cope, canzone giacobita, 1745)

Taglia o non taglia, l'esercito giacobita contava ormai 1300 uomini circa, tutti, tranne uno o due privi di esperienza militare, cui il governo poteva opporre circa tremila agli ordini di sir John Cope, per lo più truppe mediocri, riservisti ed invalidi delle guarnigioni, perché il grosso dell'esercito britannico era impegnato sul continente. Cope ricevette l'ordine di concentrare le proprie truppe a Fort Augustus, ma le notizie circa le mosse di Carlo, che si era diretto ad est passando tra Fort William e Fort Augustus e la preoccupazione di uno sbarco francese lo indussero a ripiegare su Inverness, lasciando così le Highlands nordoccidentali e centrali in mano ai giacobiti che tentarono di impadronirsi dei depositi e dell'arsenale delle Ruthven Barracks, venendo però respinti dalla guarnigione, formata da un piccolo distaccamento del 6th Foot (Guise's). Era andata meglio a MacDonald of Tendrish che sul ponte di Highbridge sul fiume Spean con una cornamusa e dodici clansmen era riuscito a far ritirare un contingente britannico molto superiore, che era poi stato fatto prigioniero. In tal modo per i giacobiti la via per Edimburgo fu libera.
Tra la fine di agosto e gli inizi di settembre marciò sul castello di Blair e su Perth; qui nominò il duca di Perth e lord George Murray tenenti generali del suo esercito; quando le notizie degli spostamenti giacobiti

▲ *Sarcofago Stuart Grotte Vaticane*

raggiunsero il generale Cope questi abbandonò Inverness per imbarcarsi per Aberdeen.

Il Principe, il cui esercito era ormai forte di 2400 uomini raggiunse i sobborghi di Edimburgo, dopo aver evitato il castello di Sterling occupato dagli inglesi e messo in rotta due reggimenti di dragoni britannici a Coltbridge, e il 17 settembre Carlo conquistò l'antica capitale della sua famiglia, tranne il Castello, che fu sottoposto ad un blando assedio. Il Giovane Pretendente prese possesso del palazzo Reale di Holyrood, legato alla storia dei suoi antenati, soprattutto a Maria Stuarda, e dove suo nonno Giacomo II aveva tenuto l'ultima corte in terra di Scozia prima della Glorious Revolution. Qui proclamò suo padre re di Inghilterra e Scozia, e garantì la libertà religiosa e il mantenimento dei presenti privilegi anche per i protestanti, smentendo ogni voce di restaurazione violenta del cattolicesimo. Carlo fece della galleria dei ritratti veri o immaginari dei suoi antenati- voluta da Carlo II, suo bisnonno, e che iniziava con Scota, la figlia del faraone che salvò Mosè, leggendaria antenata dei re di Scozia, per arrivare sino a Giacomo II- la sua sala delle udienze, e qui ebbe luogo, per l'ultima volta nella storia, un rito che sanciva la legittimazione divina delle pretese stuardiste sui troni di San Giacomo e di Sant'Andrea: Carlo impose le proprie mani su una bambina malata di scrofola, secondo il rito medievale dei re francesi ed inglesi[1], con le parole: Il Re ti tocca, Iddio ti guarisce. Per la cronaca, la bambina guarì davvero ed ancora decenni dopo mostrava con molto orgoglio e devozione le cicatrici delle piaghe dove Carlo l'aveva toccata e guarita[2].

Nello stesso giorno le truppe di Cope sbarcarono a Dunbar, ad est di Edimburgo; il giorno dopo gli inglesi marciarono su Haddington, mentre Carlo si diresse ad est di Edimburgo, su Duddington.

Il 20 settembre l'esercito britannico, 2.100 uomini su quattro reggimenti di fanteria, Murray, Lascelles, Guise e Lee, e tre di dragoni, Hamilton, Gardiner e Whitney, con una scombinata artiglieria servita da marinai si schierò a Prestonpans, sulla costa, su un terreno che Cope descrisse con entusiasmo:

In tutte le terre tra Edimburgo e Dunbar non c'è terreno migliore per le azioni della fanteria e della cavalleria. Cope schierò il proprio esercito tra una palude e un fossato, le spalle protette dal mare e i fianchi dai dragoni, fronte a ovest, attendendo l'arrivo dell'esercito giacobita da Edimburgo. Carlo intanto si era posto alla testa dei suoi 2.500 uomini[3] con la sciabola sguainata, esclamando: Signori, ho gettato via il fodero!

I giacobiti, il cui comandante effettivo era lord George Murray of Atholl si schierarono nottetempo in una posizione molto più a sud rispetto a quella prevista da Cope. Questi, accortosi della situazione, fece ruotare il proprio fronte verso sud, trovandosi protetto da un terrapieno e da un muro. Murray si rese conto a sua volta di trovarsi in una posizione del tutto inadatta ad un assalto, che avrebbe dovuto attraversare la palude per poi trovarsi di fronte il muro. Venne deciso di inviare un distaccamento ad ovest, ma presto venne richiamato; infine il consiglio di guerra decise di continuare verso destra per aggirare Cope ed attaccarlo da est; ancora una volta lo schieramento inglese ruotò per adeguarsi alle nuove posizioni scozzesi. La mattina del 21 settembre entrambe le ali dell'esercito giacobita, 2.500 uomini, si schierarono in colonne compatte e mossero all'assalto, al suono delle cornamuse ed al rullo dei tamburi; arrivati a distanza utile i giacobiti spararono una salva di fucileria, gettarono i fucili e, estratte le lunghe spade claymore, si ripararono dietro gli scudi rotondi detti targes e partirono di corsa all'assalto, lanciando il grido di guerra dei rispettivi clan. Terrorizzati, gli improvvisati artiglieri dopo una prima salva iniziarono a fuggire, venendo imitati dai dragoni che voltarono i cavalli e fuggirono a spron battuto; il colonnello Gardiner, sconvolto dalla fuga dei propri dragoni, si unì alla fanteria per combattere; ma l'impeto degli Highlanders fu tale che dopo una prima salva di fucileria anche i fanti buttarono le armi ed iniziarono a scappare; molti soldati che disarmati cercavano di scavalcare il muro vennero fatti a pezzi dalle claymore scozzesi. Ne morirono così quasi quattrocento[4].

Il terror panico degli inglesi, scrisse il Chevalier de Johnstone, sorpassò ogni immaginazione. Buttarono le loro armi per poter scappare più velocemente, privandosi dell'unico mezzo che avessero per fermare la vendetta degli Highlanders. Di così tanti uomini in condizione, per il loro numero, di di mantenere

---

1   *Si veda M. Bloch, Le Rois Taumaturges, Paris 1923 (trad. it Torino 1973).*
2   *Chambers, History of the Rebellion in Scotland, cit., pp.187-188. Chambers ricevette la testimonianza da un non-jurant gentlemen. Il primo sovrano d'Inghilterra a guarire le scrofole con il potere divino dei re fu Enrico I, figlio di Guglielmo il Conquistatore, nel XII secolo, l'ultima Anna Stuard nel 1718. Carlo costituì un esempio unico nella storia, in quanto avrebbe guarito la ragazza imponendo le mani quale rappresentante del Re suo padre, e non come sovrano.*
3   *Harrington, Culloden 1746.The Highland Clans' last Charge, Oxford 1993, p.15; 2.300 uomini secondo M. Barthrop, The Jacobite Rebellions 1689- 1745, Oxford 1982, p.12.*
4   *Chambers, History of Rebellion in Scotland in 1745,- 1746, I, Baltimore 1833 p.157.*

l'ordine nella ritirata, nessuno pensò a difendersi. Il terrore si era impadronito totalmente delle loro menti. Vidi un giovane Highlander, a malapena un ragazzo, che venne presentato al Principe come un prodigio, avendo ucciso, si disse, quattordici nemici. Il Principe gli chiese se fosse vero. "Non so, replicò questi, se li ho ammazzati, ma ho abbattuto quattordici soldati con la mia spada". Un altro Highlander portò al Principe dieci soldati, guidandoli davanti a lui come un gregge di pecore. Questo Highlander, di un sangue freddo senza pari, avendo inseguito una pattuglia per una certa distanza dal campo di battaglia, lungo la strada tra le recinzioni, abbatté con un colpo di spada il più vicino, gridando allo stesso temo "Gettate le armi!" I soldati, in preda al panico, deposero le armi senza guardare dietro di lui; e l'Highlander, con una pistola in una mano e la sua spada nell'altra, fece di loro ciò che volle[5].

Invano Cope cercò di trattenere i suoi uomini, ma dovette fuggire anche lui, e, alla testa di quattrocento sbandati, dei quali solo centosettanta fanti, raggiunse Berwick-on-Tweed, dopo aver perso cinquecento morti, tra i quali il colonnello Gardiner, tra millequattrocento e millecinquecento prigionieri e tra i quattro e i cinquecento feriti, che lo stesso Carlo Edoardo protesse dall'ira dei clansmen e fece curare. I giacobiti ebbero trenta morti e settanta feriti.

La battaglia era durata poco più di cinque minuti. Fu un sconfitta clamorosa; il campo di battaglia presentava uno spettacolo ben più orribile di quanto fosse normale nel XVIII secolo: solo pochi erano morti colpiti dalla fucileria, la maggior parte dei morti e dei feriti era stata massacrata dalle claymore e dalle asce dei clansmen, e i corpi apparivano mutilati ed amputati, mentre la terra era intrisa di sangue. Gambe, braccia, mani e nasi mozzati, scrisse un testimone oculare, erano sparsi per tutto il campo, nella più promiscua e bizzarre[6] delle confusioni, così da stupire e terrificare lo spettatore. Un certo numero di donne, di quelle che frequentavano l'accampamento, e molte native dell'Inghilterra, si aggiungevano agli orrori della scena con le loro selvagge urla di dolore, mentre settecento soldati disarmati, tra cui settanta ufficiali, giacevano demoralizzati ammassati in un angolo del campo, vigilati da pochi montanari bene armati[7].

Carlo cominciò a ritenere che il suo esercito fosse imbattibile, e anche i francesi iniziarono a prestare maggiore attenzione alla rivolta scozzese, inviando rinforzi e armi. Il Principe, tornato ad Edimburgo, proibì ogni

---

5   *Chevalier de Johnstone, cit. in Chambers, History of the Rebellion, cit, pp. 161-162. James Johnstone de Moffatt, noto come chavalier de Johnstone (1719-1800?) fu aiutante di campo di lord George Murray e del Principe Carlo; combatté a Prestonpans, Falkirk e Culloden, e dopo una rocambolesca fuga da lui narrata nelle proprie Memoirs of the Rebellion in 1745 and 1746 (uscite postume a Londra nel 1820) si arruolò nell'esercito francese, combattendo in Nouvelle France (Canada) contro i britannici durante la Guerra dei Sette Anni.*
6   *In francese nel testo.*
7   *Cit. in Chambers, History of the Rebellion, cit, p. 161.*

▶ *La marcia dell'esercito giacobita su Prestopans*

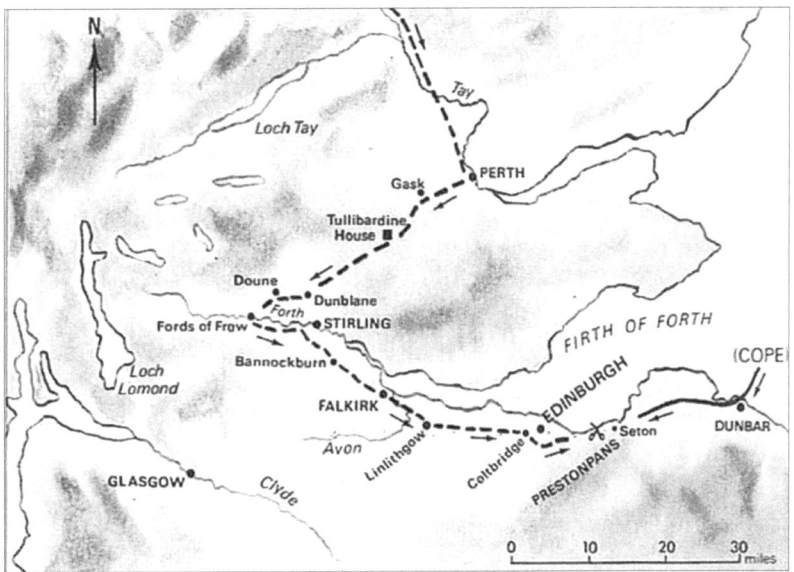

▶ *Mappa della battaglia di Prestonpans del 21 settmbre 1745.*

◀ *Soldati giacobiti in agguato nella brughiera.*

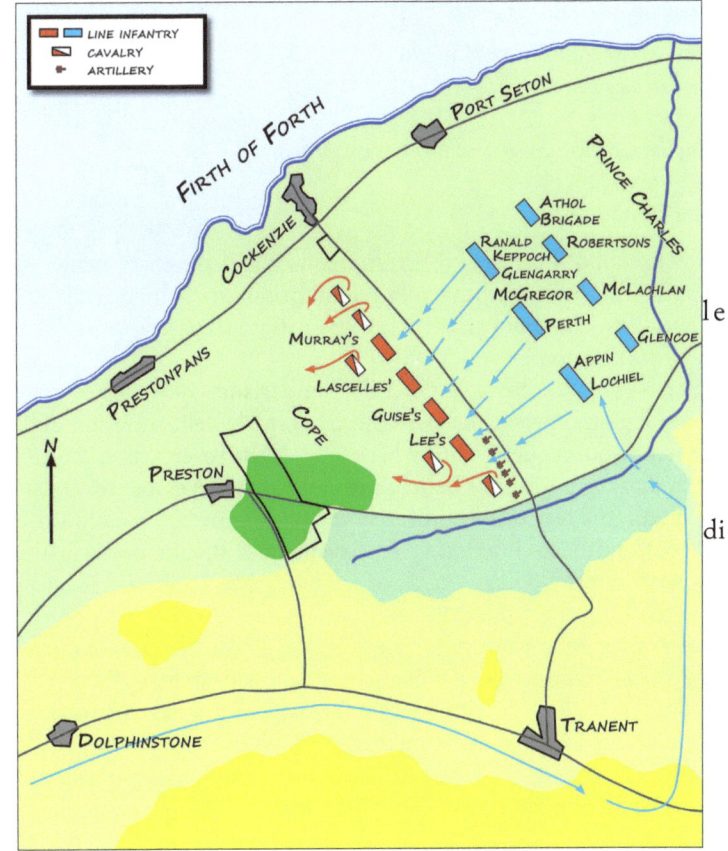

festeggiamento, dato che da entrambe parti erano morti scozzesi ed inglesi, ambedue sudditi degli Stuart, proclamando che, sebbene la vittoria avesse dato la libertà ad Edimburgo ed alla Scozia,
Tuttavia è stata ottenuta con lo spargimento del sangue dei sudditi Sua Maestà, ed ha provocato grandi calamità a molte sfortunate persone, quindi proibiamo ogni futura dimostrazione di pubblica gioia[8]. Gli ufficiali prigionieri vennero rilasciati sulla parola d'onore di non riprendere le armi contro gli Stuart; alcuni prigionieri si arruolarono con i giacobiti- molti diserteranno, altri moriranno sulla forca come disertori dopo la vittoria inglese- settanta od ottanta Highlanders del reggimento del conte di Loudon (clan Campbell, tradizionalmente ostile agli Stuart) che avevano rifiutato di unirsi ai giacobiti vennero liberati, dopo aver giurato di non combattere più contro Carlo, il quale donò loro del denaro per raggiungere le proprie case; i feriti vennero assistiti per ordine esplicito del Principe, che fece arrivare sul campo di battaglia tutti i chirurghi di Edimburgo: vedremo come alla fine fosse ripagata tanta generosità.
Il Governo di Westminster richiamò dalle Fiandre il duca di Cumberland con dieci battaglioni, ed emise un bando di reclutamento per nuove truppe, mentre le associazioni lealiste, spaventate dal successo dei cattolici e dei barbari scozzesi organizzavano collette di denaro e arruolarono milizie di volontari per difendersi dalle incursioni giacobite.
Quanto a sir John Cope venne sottoposto a corte marziale; dal risultato del processo, pubblicato nel 1749 ne emerge un'immagine migliore di quella tradizionalmente tramandata dalla canzonetta scozzese composta da Adam Skirving, Hey Johnnie Cope, Are Ye Waking Yet?: non fu certo un genio militare, ma un ufficiale energico, che si era distinto nelle Fiandre contro i francesi, che aveva previsto quasi tutto, tranne il panico che si era impadronito delle sue truppe; Cope, secondo la tradizione, scommise la colossale cifra di diecimila ghinee sulla sconfitta da parte dei giacobiti anche del suo successore al comando. L'avrebbe vinta.
A parte le guarnigioni assediate dei castelli di Edimburgo, di Stirling e di Dunbarton, ora Carlo era virtualmente padrone della Scozia; i Borders inglesi, le zone di confine che sino al XVI secolo erano state teatro di continui combattimenti, si prepararono all'invasione scozzese; e il nove novembre l'esercito delle Highlands comparve davanti alle mura improvvisate in tutta fretta della città di Carlisle. L'invasione dell'Inghilterra era incominciata.
Il 15 ottobre 1745, per galvanizzare l'opinione pubblica sotto la minaccia giacobita, la rivista The Gentleman's Magazine pubblicò il testo di un inno in onore di re Giorgio II che era stato eseguito per la prima volta il 28 settembre al Drury Lane Theatre di Londra sette giorni dopo la sconfitta di Prestonpans, inno destinato ad avere una immensa fortuna, ed a divenire l'inno nazionale britannico. L'ultima strofa, la

8 *Cit. in Charles, Transaction in Scotland, cit., II, p. 70-*

sesta, oggi abolita, diceva:

Lord, grant that Marshal Wade,
May by thy mighty aid,
Victory bring.
May he sedition hush and like a torrent rush,
Rebellious Scots to crush,
God save the King.

Fu solo dopo il disastro di Prestonpans che il governo inglese si rese davvero conto della gravità della minaccia giacobita. Cinquemila soldati britannici richiamati dalle Fiandre su richiesta del Primo Ministro Henry Pelham, erano giunti a Londra proprio il giorno prima dell'arrivo nella capitale delle notizie della sconfitta di Cope.

Lord Newcastle scrisse al duca di Cumberland che se non fosse stato per i rinforzi provvidenzialmente giunti il giorno prima che arrivassero le notizie della sconfitta di Sir John Cope, la confusione in città non si sarebbe potuta descrivere, e la corona del Re (oserei dire) sarebbe stata in estremo pericolo, la precarietà della dinastia regnante e del regime whig divenne evidente:

E' infatti una terribile e stupefacente considerazione, annotò un aristocratico whig, il riflettere... che una costruzione tanto complessa e costosa come la Rivoluzione e il suo seguito di conseguenze, possano essere in pericolo per l'addensarsi di una nuvola, che sembrava, al suo primo apparire, non più grande di una mano...

Già in vista della progettata invasione del 1743 il Sovraintendente dei Cavalli di Luigi XV, James Butler, che aveva compiuto una missione di spionaggio in Inghilterra, ufficialmente allo scopo di acquistare stalloni, in realtà per raccogliere informazioni, e si era detto convinto della simpatia di buona parte della popolazione verso la causa stuardista. A ciò contribuiva molto il coinvolgimento del sovrano tedesco nel conflitto europeo, che assorbiva denaro e uomini ed imponeva tasse sempre più pesanti.

Il consiglio di guerra giacobita, riunitosi ad Holyrood dopo la vittoria di Prestonpans decise l'invasione dell'Inghilterra, ma solo con la differenza di un voto, malgrado l'arrivo di quattro navi corsare francesi cariche di denaro ed armi. Per quanto militarmente audaci, gli stessi comandanti di Carlo Edoardo erano molto scettici sulla possibilità di riuscita dell'invasione.

Come accennato, la prima città inglese obbiettivo dei giacobiti fu Carlisle, i cannoni della cui guarnigione aprirono il fuoco contro gli scozzesi, che in un primo momento si

◀ *Prestopans il monumento commemorativo della battaglia*

▶ *Romantica e fantasiosa rappresentazione vittoriana di un giacobita, di Ronald R McIan.*

ritirarono, per poi tornaare sotto le mura. Carlo minacciò di mettere a ferro e fuoco la città e di ucciderne gli abitanti se Carlisle non si fosse arresa, e gli abitanti costrinsero il comandante della guarnigione, colonnello Durand, ad arrendersi il 15 novembre. Malgrado questo nuovo successo gli stessi comandanti di Carlo continuavano a nutrire apertamente dubbi sulla saggezza del compier l'invasione, più che altro per la difficoltà di trovare appoggio dai giacobiti inglesi che per motivi militari, essendo gli Highlanders decisamente superiori alle truppe raccogliticce ed alle milizie volontarie allora presenti in Inghilterra. La grande incognita rimaneva il vedere quanto fossero diffuse le simpatie stuardiste, malgrado le affermazioni di Carlo, che sosteneva di aver ricevuto numerose lettere di sostegno da parte dei simpatizzanti inglesi della sua causa. In effetti i giacobiti non furono accolti con calore se non a Preston, e soprattutto il 28 novembre quando Carlo entrò a Manchester, accolto dalla folla con manifestazioni di

giubilo e col suono delle campane e da illuminazioni notturne; qui fu anche possibile reclutare un piccolo reggimento di volontari, il Manchester Regiment comandato dal colonnello Francis Towneley. Ma si trattò di ben poco, molto meno di quanto sperato; come stigmatizzò il duca di Perth,
C'è poco da fare conto sulle Promesse dei Dissidenti[9] Inglesi, il cui Zelo per la vostra Casa Reale in questi cinquant'anni non si è manifestato in nient'altro che in Offese da femmine, vuote Vanterie, e rumorose Guasconate; la loro Devozione per voi è più profonda nei loro Boccali, Scaldatisi col Vino, e davanti ad un Fuoco di Taverna, sono i Campioni della vostra Causa; ma quando sono sobri, Signore, il loro Coraggio e Zelo verso voi e verso i vostri, evapora con i Fumi del Vino[10].
Se l'accoglienza non era quella sperata, non vi era neppure traccia di una minima resistenza, e così l'esercito giacobita proseguì l'invasione, che si svolse senza violenze alle cose ed alle persone. Non vi era traccia della milizia, e le truppe del generale Wade, ora forti di seimila uomini stavano ancora discendendo il versante orientale dei monti Pennini, e lo stesso Wade si rendeva conto che ben difficilmente sarebbe riuscito ad agganciare Carlo Edoardo.
Di lì a poco il comando giacobita venne a sapere che il duca di Cumberland stava radunando presso Lichfield, nello Staffordshire, una forza di 8.250 fanti e 2.000 cavalieri, per bloccare qualsiasi movimento scozzese verso Derby e la strada per Londra. I giacobiti fecero allora fintadi dirigersi verso il Galles,

---

9   *Giacobiti cattolici.*
10   *Il discorso di lord Perth è riportato in appendice a Biggar Blakie, Itinerary of Prince Charles Edward Stuart, cit., pp. 56 segg.*

riuscendo ad ingannare Cumberland che si diresse verso quella direzione, liberando la strada per Derby, dove Carlo entrò il quattro dicembre.

A Londra la tensione era al massimo: Giorgio II aveva già fatto imbarcare il tesoro reale a Tower Quay, pronto a salpare al minimo segnale di pericolo; correvano voci del prossimo arrivo di una flotta di invasione francese, o che addirittura lo sbarco fosse già avvenuto nel Kent: in effetti il maresciallo di Francia duca di Richelieu si preparava a salpare con una flotta di invasione dal porto di Boulogne.

La situazione dell'esercito giacobita era però complessa: Cumberland, una volta accortosi dell'inganno, sarebbe sicuramente tornato indietro, unendosi a Wade che stava sopraggiungendo. L'esercito del Young Chevalier, forte di cinquemila uomini, si sarebbe trovato di fronte trentamila uomini, nel proprio territorio, mentre i giacobiti si trovavano a più di cento miglia dalla Scozia. Il cinque dicembre ad Exeter House si tennero due consigli di guerra: Carlo voleva continuare l'avanzata su Londra, comunicando anche lo sbarco del duca di Perth in Scozia con rinforzi di soldati francesi; ma i suoi generali, lord Murray per primo, consideravano la situazione pericolosissima, ed alla fine venne deciso per il ritorno in Scozia, per aspettare la primavera e altri rinforzi francesi per riprendere l'invasione. Carlo, suo malgrado dovette accettare, ma non perdonò mai Murray per questo abbandono della conquista di Londra, ed anche i clansmen erano delusi ed infuriati, dopo essere arrivati così vicini alla meta della capitale nemica senza esservi potuti entrare. Due giorni dopo essere entrati a Derby, i giacobiti iniziarono a ritirarsi verso nord. Tallonati dai dragoni di Cumberland, i giacobiti giunsero infine a Westmoreland il diciotto dicembre, dove si accorsero che l'artiglieria ed i carri della sussistenza erano rimasti molto più indietro dell'esercito. Alla retroguardia si trovavano gli uomini di Glengarry, raggiunti da John Roy Stewart all'altezza delle alture di Shap, dove scorsero una squadra a cavallo della locale milizia che si avvicinò per ritirarsi subito dopo, mentre tra i viottoli del villaggio di Clifton si svolse un feroce combattimento tra la cavalleria giacobita e tre reggimenti di dragoni a piedi britannici, costretti a ritirarsi dopo uno scontro corpo a corpo. I giacobiti ripresero la ritirata, mente il duca di Cumberlan si vide costretto a far riposare le truppe esauste, interrompendo il tallonamento del nemico, ed il venti dicembre l'esercito del Giovane Pretendente varcava finalmente la frontiera scozzese.

DA FALKIRK A CULLODEN
(Gennaio - Aprile 1746)

I'll sell my rock, I'll sell my reel,
My rippling-kame and spinning wheel,
To buy my lad a tartan plaid,
A braidsword, dirk, and white cockade.
I'll sell my rokelay and my tow,
My good grey mare and hawkit cow,
that every loyal Buchan lad
May tak the field wi the white cockade.

(Robert Burns, The White Cockade)

A Natale il Principe Carlo Edoardo Stuart entrò a Glasgow, accolto freddamente dagli abitanti. La città era profondamente antigiacobita, e aveva fornito centinaia di volontari all'esercito di Giorgio II. I Glaswegians obtorto collo rifornirono di provviste l'esercito giacobita- sperando che lasciasse presto la città- cosa che avvenne dopo dieci giorni. Intanto la situazione nelle Highlands era cambiata: durante l'invasione dell'Inghilterra da parte di Carlo, i britannici si erano impadroniti di Fort William, Fort Augustus, Stirling ed Edimburgo; e mentre l'esercito di Carlo Ewdoardo si rafforzava con l'arrivo di quattromila uomini dei clan condotti da Lord Strathallan, e 750 fanti irlandesi dell'esercito francese e alcuni pezzi di artiglieria al comando di Lord Drummond, fratello del duca di Perth e maggior generale di Luigi XV, il duca di

▼ *Schema della battaglia di Falkirk . In questa battaglia l'armata reale perse circa 350 uomini fra morti feriti e dispersi, oltre a 300 prigionieri. Gli highlandersebbero 50 morti e settanta feriti.*

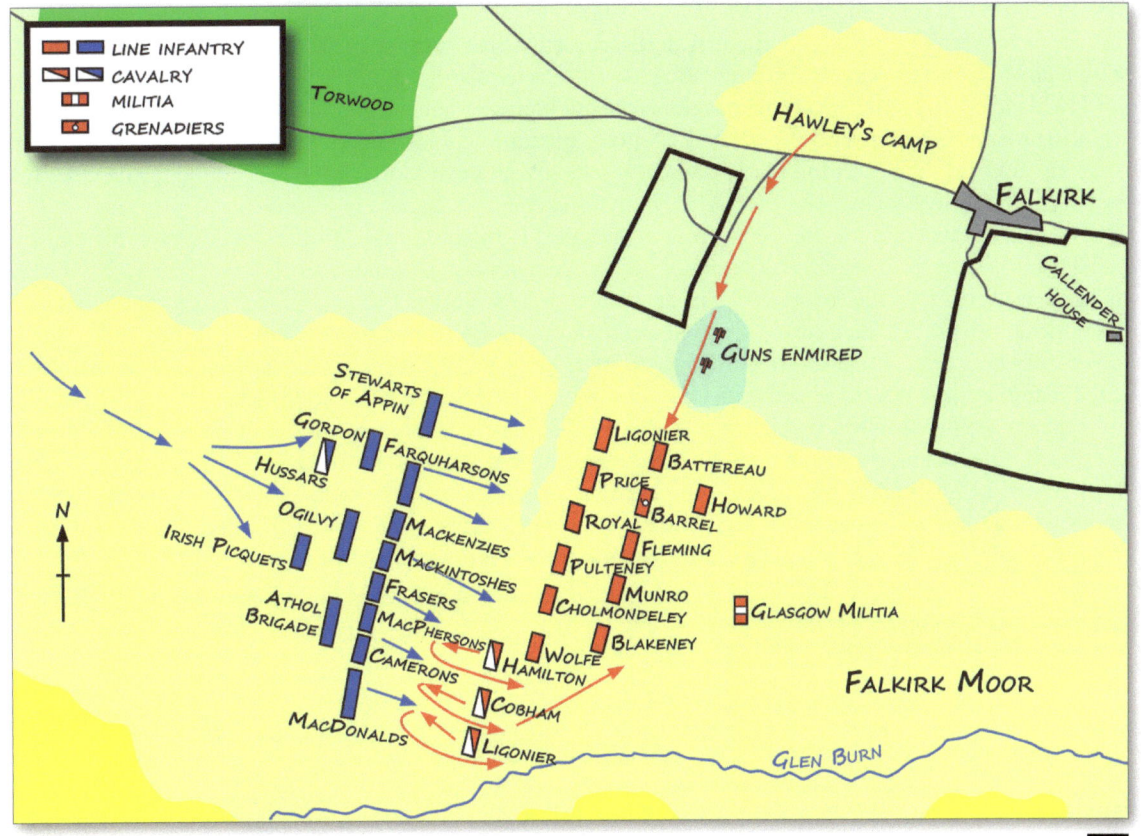

Cumberland era stato richiamato a Londra per difendere la capitale dal temuto sbarco francese, lasciando il comando al generale sir Henry Hawley, che giunse ad Edimburgo il sei gennaio, mentre i giacobiti iniziavano l'assedio di Stirling con l'ausilio dei cannoni portati dalla Francia da Drummond.

Per rompere l'assedio di Stirling dieci giorni dopo Hawley marciò su Falkirk alla testa di ottomila soldati su dodici reggimenti e un'artiglieria raffazzonata, composta da pezzi presi dal castello di Edimburgo, i cui serventi erano artigiani della città. Lord Robert Murray essendo al corrente della minaccia aveva raccolta l'armata giacobita, forte di novemila uomini, a Plean Moor, a due miglia di Bannockburn, nella piana dominata dal castello di Stirling, all'assedio del quale rimasero mille scozzesi il teatro delle due leggendarie vittorie medievali degli scozzesi sugli inglesi[1].

Il 17 gennaio gli uomini di Lord Murray si misero in marcia su due colonne, mentre Hawley, ignaro di tutto si trovava a colazione ospite della contessa di Kilmarnock, Lady Ann Linvingstone- il cui marito era ufficiale giacobita[2]- a Callander House; solo a mezzogiorno il generale britannico ebbe notizia del movimento dei giacobiti, e comprendendo la gravità della situazione, si precipitò tra le sue truppe per ordinare loro di risalire la cresta della collina sopra Falkirk. Le truppe si mossero mentre una violenta pioggia veniva spinta dal vento sui volti dei soldati britannici- tre pezzi di artiglieria si impantanarono e non fu possibile recuperarli- i quali si schierarono su due linee di sei e cinque reggimenti rispettivamente, con i dragoni sulla sinistra: in prima linea, da sinistra a destra: Wolfe, Chalmondley, Pultney, Price, Ligonier (fanteria, da non confondere con l'omonimo reggimento di dragoni) e The Royals; in seconda linea, da sin. a ds., Blakeney, Munro, Fleming, Batterau, Barrell. In riserva, Volontari di Edimburgo, Howard (The Buffs), Milizia di Glasgow.

I giacobiti schierarono, da sinistra a destra: prima linea: clan Stuart di Appin, Cameron di Lochiel, Fraser, MacPherson, MacIntosh, Mackenzie, Furquharson, MacDonald di Glengarry, MacDonald di Clanranald; in seconda linea: Drummond, MacLachlan, Gordon, Ogilvy la brigata di Atholl, di riserva lord Elcho con la sua cavalleria e i Piquets Irlandaises.

Nel tardo pomeriggio, mentre i suoi reggimenti non erano ancora schierati completamente, Hawley ordinò ai suoi tre reggimenti di dragoni- Hamilton, Ligonier, Cobham- di caricare l'ala destra delle linee giacobite, ma i dragoni vennero falciati da una scarica di fucileria micidiale, che abbatté ottanta uomini, con gli altri che caricarono gli scozzesi, come ricorda Johnstone:

La cavalleria serrò i ranghi, che erano stati disordinati dalla nostra scarica, diede di sprone ai cavalli, e caricò gli Highlanders al trotto, infrangendo le loro fila, sciabolando ogni cosa davanti a loro, e calpestando gli Highlanders sotto gli zoccoli dei cavalli. Ne seguì immediatamente il più singolare e straordinario dei combattimenti. Gli Highlanders, sdraiati al suolo, piantarono i loro dirks nel ventre dei cavalli. Alcuni tirarono giù i cavalieri tirandoli per le divise e li pugnalarono con i loro dirks, altri con le pistole, ma ben pochi di loro [i dragoni britannici, ndA]avevano spazio per maneggiare le sciabole[3].

Ben presto la cavalleria inglese perse trecento uomini. I dragoni si diedero alla fuga verso l'ala sinistra della propria fanteria, inseguiti dagli uomini del clan Macdonald. Dopo una scarica di fucileria, dato che la pioggia aveva inzuppatele cartucce, i clan del centro dello schieramento giacobita si lanciarono all'assalto secondo il loro tradizionale modo di combattere. Come a Prestonpans, la prima linea britannica sparò una raffica imprecisa, e come a Prestonpans subito dopo le giubbe rosse si diedero alla fuga, protette solo dal fuoco d'infilata dei tre reggimenti Price, Ligonier e Barrel, che avevano il fianco destro protetto da un burrone, e che riuscirono a bloccare la carica sino all'arrivo della brigata del duca di Atholl, del clan Keppoch e delle fanterie regolari franco- irlandesi, che li scacciarono dalla collina respingendoli verso Linlightow. La situazione era molto confusa anche per la pioggia che cadeva a rovesci che limitava di molto la visibilità, tanto che molti Highlanders si chiesero chi era il vincitore. Ma non c'erano dubbi: in venti minuti gli inglesi avevano perso 350-400 uomini tra morti, feriti e dispersi, contro i 50 scozzesi morti

---

1 *A Stirling Bridge l'11 settembre 1297 William Wallace sconfisse l'esercito del conte del Surrey- vittoria purtroppo oscurata dalla ricostruzione antistorica del polòpettone hollywoodiano di Mel Gibson, con improbabili scozzesi dalle facce dipinte e con kilt all'epoca inesistenti, (oltretutto i seguaci di Wallace erano Lowlanders!) basti pensare che Wallace combatteva in armatura come ogni cavaliere dell'epoca- a Falkirk nel 1298 Wallace venne sconfitto da re A Bannockburn il re Roberto I the Bruce, antenato di Carlo Edoardo Stuart, il 24 giugno 1314 mise in rotta gli inglesi di Edoardo II. E, con buona pace di Gibson, the Braveheart era il soprannome di Roberto I Bruce (il cui cuore era conservato nell'abbazia di Scone e portato in battaglia dai suoi successori) e non di William Wallace.*

2 *Il contedi Kilmarnock venne impiccato nel 1746.*

3 *Chevalier de Johnstone, Memoirs of the Rebellion of 1745 and 1746, London 1820, pp.93-94.*

e gli 80 feriti. I giacobiti catturarono trecento britannici e tre cannoni. La vittoria sarebbe stat molto più completa se Lord Murray non avesse inseguito il nemico ma avesse occupato Falkirk. Sir John Cope aveva vinta la sua scommessa.

I giacobiti ripresero senza successo l'assedio di Stirling, per abbandonarlo il primo febbraio, alla notizia dell'arrivo di Cumberland e del grosso dell'esercito britannico, sbarcati a Leith, il porto di Edimburgo il 30 gennaio; di qui mossero verso Perth e le Highlands riconquistando Inverness, che divenne la base da cui compiere incursioni contro le forze hannoveriane nel Grat Glen, riconquistando Fort Augustus ed assediando invano Fort William, mentre nel campo inglese il duca di Cumberland, che aveva ripreso il comando, raggiungendo Linlinghtow, come accennato, si spostò prima a Perth e poi il 27 febbraio ad Aberdeen, dove trascorse l'inverno addestrando le truppe con tattiche riprese da Cesare e da Vegezio, come il disporre i reggimenti a scacchiera secondo il sistema coortale romano, o copiando il modo di combattere dei legionari, colpendo con la baionetta non il nemico di fronte ma quello a destra. A Culloden avrebbe fatto la differenza. Il giovane, aveva ventiquattro anni, e obeso, pesava centoquindici chili, principe riuscì a ridare fiducia alle demoralizzate truppe inglesi, che lo adoravano malgrado la durissima disciplina che Sweet Billy imponeva loro, perché il vincitore di Dettingen era sempre il primo a dare

▼ *Monumento al principe Carlo Edoardo Stuart a Derby (Gran Brteagna)*

▲ *Mappa delle campagne giacobite del 1745-1746*

l'esempio; e anche dopo la sconfitta di Fontenoy il modo magistrale con cui aveva condotto la ritirata nei Paesi Bassi austriaci, le sue riforme, che resero l'esercito britannico uno dei migliori del mondo, il suo comportamento durante la guerra dei Sette Anni gli avrebbero potuto far guadagnare un posto d'onore nella storia militare inglese come il miglior generale britannico del XVIII secolo, se non fosse stato per la macchia indelebile di quanto avvenuto in Scozia dopo Culloden. Il Macellaio ha sostituito Sweet Billy per sempre.

Quanto ad Hawley, William Augustus anziché farlo cadere in disgrazia lo nominò comandante della cavalleria; infatti il Duca nutriva stima per il vinto di Falkirk per i metodi draconiani- frusta e capestro- con la quale riusciva ad imporre la disciplina alle proprie truppe. Ed anche Hawley avrebbe avuto la sua vendetta sugli Highlanders ed il proprio soprannome: the Hangman, il Boia.

Il duca di Cumberland decise di aspettare la primavera prima di muovere contro i giacobiti, sfruttando la pausa nelle operazioni offerta dall'inverno per addestrare meglio l'esercito, ed approfittando dell'arrivo di 5.000 veterani dell'Assia- Kassel, che permisero di liberare truppe britanniche dai compiti di guarnigione; si trattava di mercenari veterani della Guerra di Successione Austriaca, che avevano combattuto al servizio della Francia e che erano state catturate dagli Austriaci di Maria Teresa in Baviera, venendo affittati dal margravio d'Assia, il maggior imprenditore militare dell'epoca, ai vecchi nemici. L'otto di aprile il tempo era migliorato, le strade erano libere dalla neve, e il duca di Cumberland si mosse verso Cullen l'11 aprile, riunendosi con le truppe del generale Abermarle (sei battaglioni di fanteria e due reggimenti di cavalleria) che aveva passato l'inverno a Strathbogie e a quelle del generale Mordaunt (tre battaglioni e quattro cannoni) di stanza ad Old Meldrum. Il quattordici il duca passò il fiume Nairn, mentre i duemila Highlanders al comando del duca di Perth ripiegavano verso Inverness evitando il combattimento.

Da parte sua, Carlo non era rimasto inerte durante l'inverno, conquistando le Ruthven BarracksFort William e Fort Augustus, ma la situazione dell'esercito giacobita non era delle più felici, soprattutto per la mancanza di viveri. Il 14 aprile Carlo alla testa del suo esercito lasciò Inverness al suono delle cornamuse, e si stabilì a cinque miglia dalla città, a Drummossie Moor, dove l'esercito si accampò, e dove venne compiuta una ricognizione per studiare il terreno.

Intorno alle Dieci, Lord George Murray ordinò che il Brigadiere Stapleton e il Colonnello Ker attraversassero il Torrente di Airn, vicino a dove si era schierato l'Esercito (non lontano dal Luogo in cui venne combattuta l'indomani la Battaglia) per fare una Ricognizione del Terreno collinoso sulla Sponda meridionale del Torrente, che gli sembrava ripido e difficile, e di conseguenza molto più adatto per gli Highlanders; per il Terreno, si resero conto che era una vasta e piatta Brughiera, intervallata da pantani e depressioni, e per l'altra parte era una Pianura, e adatta alla Cavalleria. Dopo due ore tornarono, e fecero rapporto: che il Terreno era irregolare, e difficile, e paludoso, cosicché nessun Cavallo poteva esser utile lì, che la salita dalla Riva del Torrente era ripida, e tranne due o tre Posti in Tre o Quattro Miglia circa dove la Cavalleria potesse guadare, le Rive erano inaccessibili; non erano in grado di riferire che tipo di Terreno vi fosse a maggior Distanza; ma che i Contadini li avevano informati, che per una grande Distanza era tutto lo stesso terreno[4].

Il Giovane Pretendente prese alloggio nella tenuta di Culloden House[5], dove convocò un consiglio di guerra. Le ipotesi possibili erano tre: o attaccare di sorpresa l'esercito britannico, o aspettare l'attacco inglese, o ritirarsi nelle Highlands; la condizione dell'esercito non permetteva di aspettare ancora. Venne deciso quindi di attaccare di sorpresa, nottetempo, marciando sul campo inglese a Nairn, sperando di cogliere di sorpresa i britannici nel sonno, e probabilmente ubriachi per i brindisi in onore del venticinquesimo compleanno del duca di Cumberland, che cadeva proprio quel giorno. Ma la marcia venne organizzata malissimo, senza ispezionare il terreno, e inoltre molti Highlanders erano sparpagliati nelle campagne per cercare viveri, perché molti non mangiavano da almeno due giorni: l'unico cibo distribuito era stata una galletta a testa!.

La marcia notturna partì in ritardo e in disordine, rallentata dal terreno paludoso e dall'oscurità; l'esercito avanzòò diviso in due colonne, comandate da Carlo e da Lord Murray, che presto persero contatto tra loro, e ci si rese conto, quando mancavano poche miglia, che si sarebbe arrivati troppo tardi, allo spuntare del sole, e che sarebbe mancato totalmente l'effetto sorpresa, dato che le

---

[4]   *Anonimo (Lord G. Murray?) Un approfondito racconto della Battaglia di Culloden,16 Aprile, 1746. In una Lettera di un Ufficiale dell'esercito delle Highlands, a un suo Amico, a Londra, London 1749, p.4.*

[5]   *Per tale motivo la battaglia è passata alla storia come battaglia di Culloden (versione anglicizzata del gaelico Cùil Lodair, il luogo della palude) anziché di Drummossie Moor,*

pattuglie britanniche avevano già dato l'allarme. Venne deciso il dietro front, e le truppe esauste, affamate, demoralizzate, tornarono nella piana tra Drummossie e Cùil Lodair. Carlo stesso, malgrado la stanchezza per aver marciato a piedi tutta la notte, cavalcò sino ad Inverness a cercare personalmente viveri per le truppe, e in preda ad una crisi di nervi urlò che avrebbe bruciato la città, se non fosse saltato fuori con che nutrire i suoi uomini; il duca di Perth lo convinse a tornare a Culloden House, dove giunse nelle prime ore di mercoledì 16 aprile; qui, dopo aver mangiato un pezzo di pane e bevuto del whisky, incontrò i suoi ufficiali: Murray gli chiese se avesse deciso davvero di dare battaglia, al che il Principe rispose di non avere alternative, perché com'era ridotto l'esercito una ritirata avrebbe voluto dire la sua dissoluzione. Murray propose tre alternative: ritirarsi ad Inverness ed affrontare un assedio, raggiungere le Highlands, o se davvero Carlo voleva combattere, attraversare il Nairn per aspettare Cumberland in un terreno più favorevole che non la piana di Culloden. Le tre alternative vennero scartate dal Principe, malgrado le proteste di Lord Murray, secondo il quale una battaglia a Drummossie sarebbe stata una sicura disfatta. Anche il marchese d'Eguilles, rappresentante di Luigi XV sostenne accanitamente le tesi di Murray, ma Carlo, appoggiato da O'Sullivan, fu irremovibile, ed anzi si adirò a tal punto col povero d'Eguilles che questi dovette chiedergli scusa in ginocchio.

Lord Murray non riuscì nemmeno a far demolire i muretti di pietre a secco dei campi cintati di Cuchunaig e di Culwhiniac, che si trovavano sulla destra dello schieramento giacobita, e di Culloden Park su quella sinistra, perché O'Sullivan sostenne che avrebbero costituita una protezione al fianco dello schieramento, e che la loro demolizione sarebbe stato più un danno che altro: in realtà il Quartiermastro Generale non tenne presente l'esistenza dei cancelli che avrebbero permesso alle truppe di Cumberland di entrare e di tirare sulle ali giacobite riparate dietro i muretti, come vedremo. Non solo: oltre ad impedire uno schieramento più esteso dell'esercito di Carlo, vi fu la necessità di impiegare truppe esperte come quelle franco-irlandesi per presidiare la zona recintata.

Scrisse Maxwell, aiutante di campo del Principe,

Gli uomini era sparpagliati tra i boschi di Culloden, la maggior parte addormentati. Appena venne dato l'allarme, gli ufficiali correvano dappertutto per svegliarli, se posso usare quest'espressione, tra i cespugli, ed alcuni arrivarono fino ad Inverness per riportare indietro quelli che si erano spinti fino a lì in cerca di cibo. Nonostante la fatica messa dagli ufficiali per radunare gli uomini, diverse centinaia erano assenti dal campo di battaglia, sebbene entro un miglio: alcuni erano totalmente esausti e non in grado di alzarsi, atri addormentati in rifugi dai quali non potevano sentire il rullo dei tamburi. Tuttavia, in meno tempo di quanto si possa immaginare, la maggior parte dell'esercito fu radunata e schierata nella brughiera[6].

Alle cinque del mattino, sotto un cielo che si andava coprendo di nuvole cariche di pioggia mista a neve, dopo una frugale colazione accompagnata da una tazza di brandy a testa, le truppe del duca di Cumberland mossero al suono dei tamburi e dei pifferi verso la pianura di Drummossie, dove i soldati di Giorgio II giunsero in vista del nemico alle undici del mattino circa. Il Duca trovò che il terreno dove schierare le truppe era ottimo, e ordinò di schierarsi. Tenne un discorso in cui invitò le truppe a combattere per il Re, la religione protestante, la patria, e la proprietà, tra gli hurrà dei suoi soldati. Poi rullarono di nuovo i tamburi, e le linee britanniche avanzarono, baionetta in canna, come in piazza d'armi, sino a raggiungere le posizioni definitive, lì si fermarono, arma al piede, e i cannoni si schierarono tra un reggimento e l'altro.

---

6 *Maxwell of Kirkconnell, Narrative of Charles*, cit., p. 148.

ORDINE DI BATTAGLIA GIACOBITA
16 aprile 1746

Effettivi: 5.000 uomini circa.

Comandante in Capo: Carlo Edoardo Stuart, Principe di Galles
Secondo in comando: Lord George Murray
Segretario militare e Aiutante generale: John William O'Sullivan
Aiutante di campo: Sir Lachlan MacLachlan

Scorta del principe Carlo
Fitzjames' Horse: 16 uomini.
Lifeguards: 16 uomini.
comandante Capt O'Shea. Coistituì la scorta del principe
Lord George Murray's Division
Atholl Brigade: 500 uomini (3 battaglioni).
Leva feudale, forse tre reggimenti.

Cameron of Lochiel's Regiment: circa 650–700 uomini.
Guidato da Sir Donald Cameron of Lochiel. Considerato l'elite dell'esercito giacobita.
Stewarts of Appin o Appin Regiment: 250 uomini.
Comandato da Charles Stuart of Ardsheal.

Lord John Drummond's Division.

Lord Lovat's Regiment: circa 300 uomini.
comandato da Charles Fraser of Inverallochie,
Lady Mackintosh's Regiment: circa 350 uomini
A volte indicato come Clan Chattan Regiment.
Farquharson of Monaltrie's Battalion: 150 uomini.
Maclachlans e Macleans: circa 200 uomini.
comandanti Lachlan Maclachlan of Castle Lachlan e Maclean of Drimmin
Chisholms di Strathglass: circa 80 uomini.
Comandato da Roderick Og Chisholm.

Duke of Perth's Division.

MacDonald of Keppoch's Regiment. 200 uomini.
comandante Alexander MacDonald of Keppoch. Era formato da MacDonalds of Keppoch,vMacDonalds of Glencoe, Mackinnons e MacGregors.
MacDonald of Clanranald's Regiment: 200 uomini.
comandante MacDonald of Clanranald,
MacDonnell of Glengarry's Regiment: 500 uomini.
comandante Donald MacDonnell of Lochgarry.

John Roy Stuart's Division (riserva)
Lord Lewis Gordon's Regiment

John Gordon of Avochie's Battalion: 300 uomini.
comandante John Gordon of Avochie.
Moir of Stonywood's Battalion: 200 uomini.
comandante James Moir of Stonywood. Unità composta in gran parte di volontari.
1/Lord Ogilvy's Regiment: 200 uomini.
comandante Thomas Blair of Glassclune.
2/Lord Ogilvy's Regiment: 300 uomini.
comandante Sir James Johnstone.
John Roy Stuart's Regiment: circa 200 uomini.
comandante Maj Patrick Stewart. Conosciuto anche Edinburgh Regiment, in quanto arruolato nella capitale scozzese.
Footguards. circa 200 uomini.
comandante William, Lord Kilmarnock.
Glenbuchet's Regiment. 200 uomini.
comandante John Gordon of Glenbuchat.
Duke of Perth's Regiment: 300 uomini.
James Drummond, Master of Strathallan. L'unità comprendeva una parte di MacGregors.

Irish Brigade.

Royal Écossais (francesi): 350 uomini.
comandante Lieutenant-Colonel Lord Lewis Drummond.
Picquets Irlandaises (francesi): 302 uomini, provenienti dai reggimenti Lally, Ruth, Bulkeley, Clare, Berwick e Dillon.
comandante Lieutenant-Colonel Walter Stapleton.

Cavalleria
(comandante Sir John MacDonald dei Fitzjames' Horse)
Regiment Fitz-James cavalerie (francese, formato da irlandesi): 70 uomini.
comandante Capitaine en seconde William Bagot.

Lifeguards: 30 uomini.
comandante David, Lord Elcho.
Scotch Hussars: 36 uomini.
comandante Maj John Bagot.
Considerata la peggiore unità giacobita.
Strathallan's Horse: 30 uomini.
comandante William, Lord Strathallan.

Treno di Artiglieria.
Comandante John Finlayson
11 x 3-pounders, vecchi cannoni svedesi catturati a Prestonpans e provenienti dalla Torre di Londra.
comandante Capt John Finlayson
(inglesi del Manchester Regiment).
1 x 4-pounders.
comandante Capitaine du Saussay
(francesi).

ORDINE DI BATTAGLIA BRITANNICO
16 aprile 1746

Effettivi: 8.000 uomini circa.

Comandante in capo
William Augustus, duca di Cumberland
Comandante della cavalleria
Tenente generale Henry Hawley
Aiutanti di campo
Conte di Albemarle
Lord Charles Catchcart
Tenente colonnello Henry S. Conway
Scorta del duca di Cumberland.
20 ussari hessiani ed ungheresi[1].

Prima Linea.

Com. Conte di Albemarle (ADC) e Lord Sempill

1° Regg. di Fanteria di Linea The Royals (2nd Batallion[2])
Ten. Col. James StClair
4° Regg. di Fanteria di Linea Barrel's King's Own
Ten. Col. Robert Rich
14° Regg. di Fanteria di Linea Price's
Ten. Col. Price
21° Regg. di Fanteria di Linea Royal Scots Fusiliers (Campell's)
Ten. Col. Charles Colville
34° Regg. di Fanteria di Linea Cholmondeley's
Ten. Col. Cholmondley
37° Regg. di Fanteria di Linea Munro's
Ten. Col. Dejean
Royal Artillery
Cap. Cunningham
Kerr's Dragoons
Lord Mark Kerr

Seconda Linea

Com. maggior generale John Huske
3° Regg. di Fanteria di Linea Howard's Old Buffs
Ten. Col. Howard
8° Regg. di Fanteria di Linea Wolfe's

---

1   *Spesso indicati erroneamente come austrians. Nell'esercito imperial-regio di Maria Teresa le uniche unità di ussari erano ungheresi.*

2   *Il Royal era l'unico reggimento britannico su due battaglioni.*

Magg. James Wolfe
20° Regg. di Fanteria di Linea Bligh's
Ten. Col. Bligh
25° Regg. di Fanteria di Linea Sempill's
Lord Hugh Sempill
36° Regg. di Fanteria di Linea Fleming's
Ten. Col. Fleming
48° Regg. di Fanteria di Linea Ligonier's
Ten. Col. Henry Seymour Conway (ADC)

Terza Linea

Com. brigadier generale John Mordaunt

13° Regg. di Fanteria di Linea Pulteney's
Ten. Col. Pulteney
27° Regg. di Fanteria di Linea Blakeney's
Ten. Col. Blakeney
62° Regg. di Fanteria di Linea Battereau's Foot.
Ten. Col. Battereau
Independent Highland Companies
Ten. Col. Lord Jack Campbell

Ala destra
Generale Bland.
Kingston's Light Horse
Cobham's Dragoons   (I)

Ala Sinistra
Col. Lord Ancram
Cobham's Dragoons   (II)
Kerr's Dragoons
Argyll Militia.

Treno d'Artiglieria
Colonnello Onorario William Bedford
Dieci cannoni da sei libbre,
sei mortai Coheorn.
(schierati in prima linea, al comando del cap. Cunningham)

CUIL LODAIR
Mercoledi, 16 aprile 1746

> 'Twas love of our prince drove us on to Drumossie
> But in scarcely the time that it takes me to tell
> The flower of our country lay scorched by an army
> As ruthless and red as the embers of hell
> Red Campbell and fox did the work of the English
> MacDonald in anger did no work at all
> With musket and cannon 'gainst honor and courage
> The invader's men stood while our clansmen did fall
>
> (Culloden's Harvest)

Ore 1, 5 del pomeriggio. L'artiglieria giacobita apre il fuoco.

La battaglia iniziò cinque minuti dopo al'una del pomeriggio, sotto un cielo scuro dal quale cadeva pioggia mista a nevischio, che il vento dell'est spingeva sulle linee di Carlo e sul volto degli Highlanders immobili, quando qualche ufficiale del Principe, forse il comandante dell'artiglieria Finlayson ordinò di aprire il fuoco, e l'artiglieria giacobita sparò il primo colpo di cannone, cui rispose presto la Royal Artillery.
Gli artiglieri avevano tirato appena sul campo era apparso lord Bury, figlio di lord Abermarle, a cento metri da loro, dopo una fallita missione esplorativa allo scopo di individuare le batterie stuardiste, cercando di colpirlo, ma il colpo, troppo alto, passò sopra le teste dei soldati britannici,
La palla ribelle passò sopra la testa indifferente di Lord Bury, cadde da qualche parte nelle retrovie, tagliando in due un soldato. I cannoni giacobiti non erano migliorati[1].

---

1   *The Rebel ball passed over Lord Bury's indifferent head...and came down somewhere in the rear, cutting a soldier*

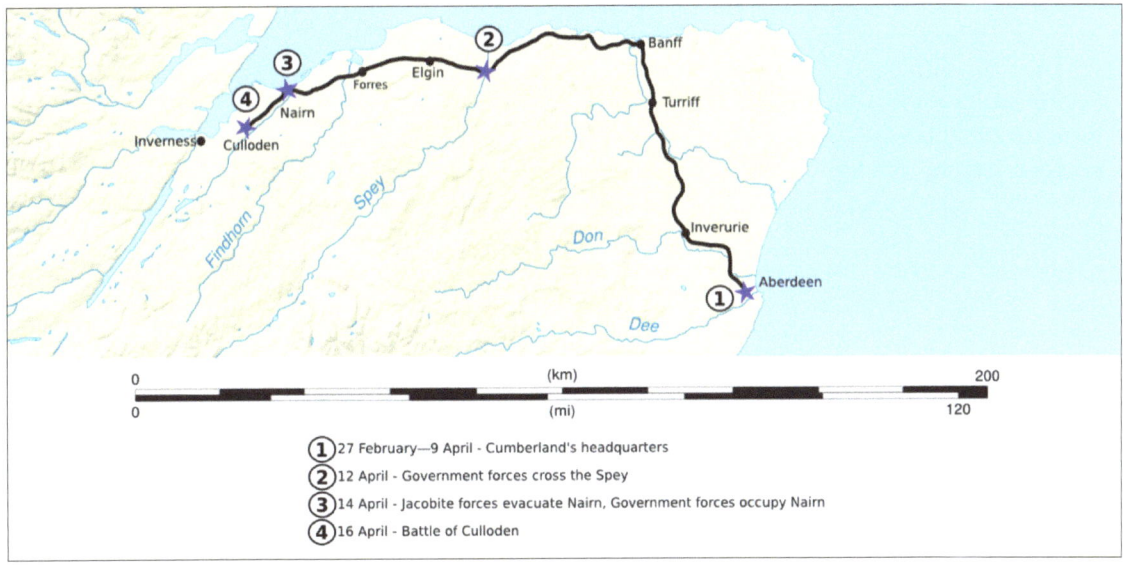

▲ *Mappa della campagna che ha portato alla battaglia di Culloden*

Il primo caduto della battaglia, tagliato in due, era un soldato del reggimento di Blith, il primo dei cinquanta caduti britannici- cui si aggiungeranno, dopo la battaglia, un gran numero di feriti- e dei milleduecentocinquanta caduti stuardisti che di lì a poco avrebbero coperto la brughiera.

Un secondo colpo venne tirato contro le posizioni dove era il duca di Cumberland, facilmente riconoscibile sul suo cavallo grigio anche per la notevole stazza- pesava centoquindici chili- uccidendo due soldati inglesi. Al fuoco della loro artiglieria gli Highlanders risposero con grida di gioia ed agitando i berretti e le armi.

Tre minuti dopo, all'una e otto minuti, il colonnello Belford diede l'ordine ai propri artiglieri di rispondere al fuoco e di bombardare le linee giacobite, sperando così di spingere il nemico ad avanzare. Il colonnello, che pure proveniva dal Genio, si dimostrò un ottimo artigliere, tanto da aprire, con i pochi cannoni a sua disposizione, interi varchi nelle file dei giacobiti, e nel distruggere i tetti delle costruzioni retrostanti le linee scozzesi, con effetti terrorizzanti su truppe che da Prestonpans a Falkirk avevano imparato a disprezzare l'artiglieria britannica. Fece anche tirare due colpi su un gruppo di cavalieri, tra i quali credette di riconoscere Carlo, uccidendone l'uomo che reggeva le briglie del cavallo e coprendo di polvere il principe di Galles, dopo che il suo cavallo era caduto al suolo ferito.

In effetti non si trattava più delle raccogliticce truppe di Cope e di Hawley, che se l'erano battuta davanti alla carica dei clan scozzesi, ma dei veterani delle battaglie di Dettingen e Fontenoy, e fin dai primi colpi scambiati questo era evidente.

Nel frattempo Cumberland percorreva le linee britanniche, ordinando di serrare le fila, e di prepararsi ad accogliere il nemico con le baionette: Fategli sapere con chi hanno a che fare! A tali parole fece eco l'urlo della truppa, che lanciò in aria i tricorni: Billy! Billy! Flandres! Flandres!

Ordinò anche al Reggimento Wolfe di schierarsi en potence all'estremità dell'ala sinistra dello schieramento, ossia in una posizione perpendicolare alla linea britannica, in modo da poter cadere sul fianco giacobita, se questi avessero attaccato la divisione Albermarle, e di accerchiarli.

Ordinò poi ai reggimenti Batterau e Pultney, schierati in terza linea, di portarsi rispettivamente in seconda e prima linea, a fianco dei reggimenti Howard e St Clair (Royal Scots) in modo da allungare la linea e rendere più difficile un aggiramento stuardista. Poi prese posizione, con il suo Stato Maggiore, tra la prima e la seconda linea, dietro il reggimento Cholmondley[2].

Il principe Carlo da parte sua, prima dell'inizio della battaglia, per incoraggiare i suoi Highlanders per la battaglia decisiva, salutato da grida di gioia e di fedeltà e devozione. Quindi si portò di nuovo sul rialzo dove aveva già preso posizione, dietro la cavalleria di Balmerino e di Fitz-James; posizione infelice, perché gli precluse la vista del campo di battaglia.

Entrambi gli eserciti speravano di vedere l'altro attaccare, in modo da sfruttare le ottime posizioni difensive scelte, soprattutto i giacobiti, inferiori di numero, ma il tiro dei cannoni britannici, che martoriava le postazioni stuardiste senza ricevere alcun danno in risposta, mostrò da subito chi avrebbe dovuto attaccare, se non avesse voluto restar fermo a farsi massacrare.

La vittoria di Prestonpans, quando gli Highlanders non avevano avuto che pochissimi danni dall'artiglieria, aveva dissipato il terrore di quest'arma; ma adesso la situazione era diversa, e disastrosa. A Prestonpans i giacobiti avevano ridotto al silenzio i cannoni di Cope con un'azione fulminea, ma a Culloden era impossibile, dato che erano intervallati nello spazio tra i reggimenti, senza un attacco generale, che Carlo voleva evitare.

Per mezzora l'artiglieria martellò i clan schierati, massacrandone i membri e abbattendone il morale, con i clansmen che vedevano cadere morti e mutilati i propri vicini, spesso parenti stretti, senza poter reagire, finché, spinto da O'Sullivan, Carlo, con grande riluttanza, si vide costretto a ordinare la carica, prima che il morale dei suoi uomini crollasse del tutto. Il suo aiutante di campo, un giovane tenente colonnello di nome MacLauchlan, incaricato di portare l'ordine al tenente generale Lord Murray venne ucciso da una palla di cannone prima che potesse raggiungere la prima linea, ma tale era la situazione dell'esercito che Murray decise di ordinare l'attacco senza essere al corrente dell'ordine del principe.

---

in half. The Jacobite guns were not to improve upon that.

2   *Ai margini del campo di battaglia viene mostrato un masso di granito, sul quale Cumberland avrebbe osservato lo svolgersi della battaglia, ma non è vero. Il duca rimase sempre a cavallo tra le sue truppe.*

▲ *La carica degli highlanders a Culloden*

Poichè erano i più vicini al nemico, trecento passi dai cannoni del sergente Edward Bristow, sui fianchi del Barrell e del Munro, gli uomini della brigata Atholl e gli uomini del Cameron erano quelli che soffrivamo di più. Lochiel, una pistola in una mano ed una sciabola nell'altra, era in piedi con aria irata davanti ai propri uomini, e udiva fischiare intorno a lui le palle che seminavano morte nei ranghi. Inviò un suo parente a Lord George [Murray] affermando che non sarebbe riuscito a trattenere oltre gli uomini del suo clan, che venivano massacrati dal cannone nemico ed erano diventato tanto impazienti da rompere i ranghi. Lord George, non meno infuriato con il suo Principe indeciso, inviò un ufficiale da Carlo, chiedendogli di dare l'ordine di attaccare.

Ore 1, 30 del pomeriggio. I giacobiti avanzano.

Lord George Murray aveva appeno preso la decisione di ordinare comunque l'attacco generale per evitare il massacro quando si udì il grido di guerra dei MacIntosh, Clann Chattan!
Ed i clansmen, incapaci di rimanere immobili a farsi massacrare, e la cui disciplina era pressoché inesistente, non avevano mai combattuto prima, si gettarono verso le linee inglesi, invisibili per il fumo dei cannoni che coprivano la pianura, ruppero il centro della linea giacobita avanzando al suono dei tamburi e delle

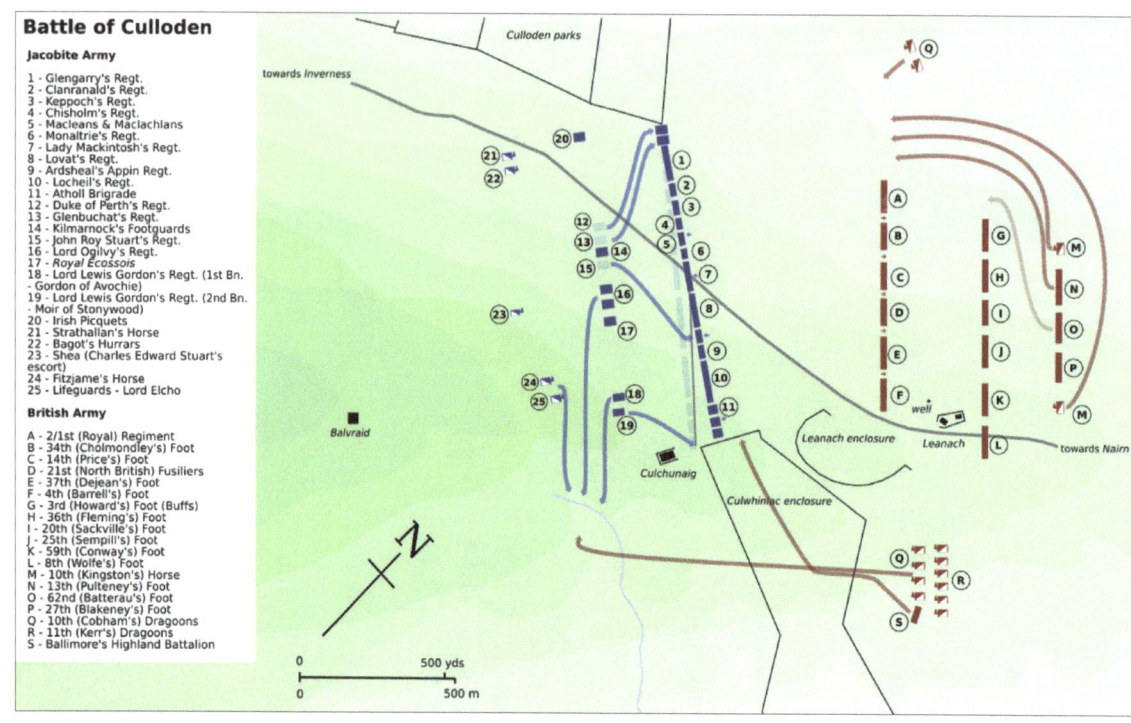

▲ *Mappa della battaglia di Culloden con gli schieramenti avversari.*

cornamuse, e a loro si unirono gli uomini della leva feudale del duca di Atholl, i Cameron, gli Stuart di Appin, i Fraser, i MacLean. Murray spronò il cavallo e si pose decisamente alla loro testa con il coraggio per il quale era giustamente celebre, oltrepassando con il proprio cavallo- che molti superstiziosamente consideravano posseduto dagli spiriti- le batterie dell'artiglieria hannoveriana..
In un paio di minuti tutta la linea era in movimento, eccetto che sulla sinistra, dove i MacDonalds, indignati per la posizione loro assegnata- per tradizione al clan spettava la destra sin dai tempi della battaglia di Bannockburn nel 1314 secolo- rifiutarono di avanzare, se non dei pochi passi necessari per allinearsi con le altre truppe.
Gli ufficiali scozzesi gridarono l'ordine tradizionale in gaelico:
Forza ragazzi miei, attenti! Con le facce a Fortrose e le schiene al Prato di Muirtown! Caricate i moschetti! Pronti- mirate bene- fuoco! State attenti a eseguire tutto con precisione, questo è il punto!
Una volta sparato, i giacobiti deposero i fucili, in gran parte di produzione francese[3], si calcarono enfaticamente i berretti blu con la coccarda bianca sulla fronte, perché non cadessero durante la carica (to scrug the bonnet), estrassero il dirk, la corta daga tradizionale, impugnandolo con la sinistra, dalla parte della targe, lo scudo rotondo, e stringendo nella destra la grande spada, la claidheamh mor, o, come la chiamavano gli inglesi claymore- le lochaber, le asce a due mani di eredità vichinga furono poco utilizzate a Culloden, e, inclinato il corpo in avanti, coprendosi con lo scudo si lanciarono contro le file britanniche.

---

3 Le ricerche sul campo hanno dimostrato che i giacobiti avevano a disposizione molti più fucili Saint Etienne di quanti si pensasse: sono state rinvenute un gran numero di pallottole francesi, di calibro inferiore a quelle utilizzate per i fucili Brown Bress britannici. Che i giacobiti fossero molto meglio equipaggiati rispetto a quanto vuole la leggenda è confermato anche dai 2.320 fucili degli stuardisti recuperati dai britannici sul campo a battaglia finita, mentre le broadsword furono solo 190.

Ore 1, 35 del pomeriggio. I giacobiti attaccano la linea britannica.

Di fronte a loro i reggimenti britannici erano schierati in tre file, la prima delle quali in ginocchio, in modo da garantire una continuità di tiro ininterrotta; e se da lontano una salva di fucileria del XVIII secolo poteva fare poco danno, da vicino era micidiale, ancor più se accompagnata dal tiro dei mortai Coehorn, divisi in due batterie di tre pezzi ciascuna, che Cumberland aveva fatto avvicinare alle linee hannoveriane, schierandoli alle estremità della seconda linea, il cui tiro a parabola passando sopra le file dei fucilieri colpiva le linee degli assalitori; e gli artiglieri britannici avevano interrotto il tiro a palla per iniziare il micidiale tiro a mitraglia, o, come lo chiamano gli inglesi, grapeshot.

Le colonne giacobite vennero falciate dalla fucileria, con i cadaveri e i corpi dei feriti che cadevano uno sull'altro, schiacciati e calpestati da coloro che spingevano da dietro; a Prestonpans e Falkirk era bastata la visione della carica selvaggia dei clan a terrorizzare i soldati di re Giorgio; ma a Culloden erano veterani della guerra di Successione Austriaca, freddi come l'addestramento accurato rendeva il soldato inglese, e il fumo nero della polvere dei moschetti si mescolava con quello bianco dell'artiglieria, in un frastuono che ottundeva i sensi, con i rulli di tamburo e le salve dei fucili che si mischiavano con i colpi dei cannoni, il suono delle cornamuse e le urla di guerra in gaelico, i lamenti dei feriti, mentre il fumo rendeva quasi ciechi gli assalitori, mentre una violenta pioggia mista a nevischio avvolgeva tutto.

La mitraglia massacrava i clan lanciati all'assalto; gli uomini del duca di Atholl e i Cameron, schierati alla destra del clan MacIntosh lo seguirono, ma la direzione del loro attacco deviò verso sinistra per evitare alcuni muri di pietra e seguire un sentiero che garantiva un terreno più solido; e nello stesso istante i MacIntosh piegarono a destra per evitare la palude che li divideva dalle linee britanniche, forse anche per evitare il micidiale fuoco dei moschetti britannici. Confusi ed accecati, molti Highlanders persero la direzione e l'orientamento. Il clan Chattan perse centinaia di uomini e diciotto ufficiali prima di arrivare a venti metri dal nemico, e gli uomini di Atholl furono decimati dal fuoco di infilata del reggimento Wolfe, i cui uomini, allineati lungo il muro, fecero letteralmente il tiro al bersaglio sugli scozzesi, decimandoli.

Per aver successo la carica degli Highlanders si sarebbe dovuta abbattere contemporaneamente sulle linee britanniche con le tre colonne d'assalto, impegnando tutta la prima linea britannica, come a Prestonpans e Falkirk; ma se la colonna di destra (lord Murray) piombò sui reggimenti Munro e Barrell come previsto, la colonna di centro (lord Drummond), deviando la propria linea di avanzata verso destra per evitare il pantano che si stendeva sulla sua linea di avanzata, e seguendo i rilievi che offrivano una certa copertura dalle salve britanniche, guidata dai MacIntosh del clan Chattan anziché investire il fronte del Price e del Royal Regiment sfilò davanti a quest'ultimo per attaccare la batteria tra i Royals e il fianco destro del Munro. La terza colonna, poi, con i MacDonald, non si mosse, malgrado le disperate proteste del duca di Perth. La strategia giacobita era fallita sin dal principio.

Nel frattempo, gli uomini del clan Campbell, che combattevano sotto le bandiere di re Giorgio II nell' Argyll Militia erano alle prese con il recinto di Culwhinia, formato da un muro di pietre a secco alto quattro piedi, preparando una sorpresa inaspettata per i loro compatrioti stuardisti, e, soprattutto, tradizionali nemici di clan. Inizialmente collocati a guardia delle salmerie di Cumberland, un significativo numero di loro si spostò verso le recinzioni, separati dai giacobiti solo dai muretti di pietra.

Gli uomini dei clan Cameron e del duca di Atholl notarono i movimenti della milizia di Argyll sulla propria destra, a poche decine di metri di distanza. Subito lord Lochiell ne informò Murray, manifestando le proprie preoccupazioni circa una manovra di aggiramento; lo stesso timore che già lo stesso Murray aveva espresso al quartiermastro generale O'Sullivan, il quale lo aveva semplicemente ignorato.

Gli Argyll occuparono quindi indisturbati il recinto di Culwhina, e presidiarono in forze il muro nord, venendo presto raggiunti da cinquecento dragoni inglesi al comando del generale Henry Hawley. Mentre i pibroch dei Campbell suonavano sotto la pioggia quasi a coprirele urla di guerra dei loro antichi nemici, il generale Hawley ordinò al loro comandante e capoclan, Colin Campbell of Ballimore di abbattere il muro. Da parte giacobita venne schierato, a protezione della minaccia che sarebbe potuta provenire dagli Argyll e dai dragoni, il reggimento Ogilvy, che tuttavia venne poi spostato senza ragione dal presidio del muro a secco ad una posizione arretrata come riserva, lasciando la posizione sguarnita.

▲ Bandiera del clan Stuart di Appin catturata a Culloden.
◄ Carlo nel palazzo reale di a Holyrood di Edimburgo in un quadro romantico di John Petie del 1898

Appena gli Highlanders furono vicini alle linee britanniche, cercarono di mettere fuori uso i cannoni, anche per vendicare i camerati e i parenti massacrati senza potersi difendere all'inizio della battaglia.
Il sergente Bristow, con i suoi [due] cannoni... sparò un colpo a mitraglia con entrambi, fece ricaricare e venne fatto a pezzi dalla spada di un Cameron, come avvenne al bombardiere Paterson ed all'artigliere Edward Hust. Tutti e tre strisciarono intorno alle ruote dei loro cannoni, con le terribili ferite a causa delle quali sarebbero morti due mesi dopo.
I muri di recinzione presenti sul campo di battaglia fecero letteralmente da imbuto, costringendo i giacobiti ad andare all'assalto in un'area non più larga di trecento metri. Il grosso degli Highlanders si infilò nel corridoio tra le mura del parco ed il terrapieno che cingeva il casale di Leanach, dirigendosi in una massa compatta contro l'ala sinistra di Cumberland; nei pochi secondi che impiegarono a coprire la distanza molti giacobiti gettarono le armi da fuoco, inutili nella calca e impugnarono le armi bianche; quando il fumo si diradò videro a trenta metri i soldati britannici.
Un reduce raccontò come la prima cosa che videro, quando un colpo di vento sollevò il fumo dell'artiglieria dal suolo, furono le ghette bianche della prima linea britannica.
Poi il fumo si diradò ancora, e apparvero le giubbe rosse della prima fila, inginocchiate, con i fucili

puntati e le baionette innestate, e poi le altre due file retrostanti, pronte ad alternarsi al fuoco senza continuità.

E fu allora che i Brown Bess dei fanti di Giorgio II aprirono il fuoco sugli assalitori, una fila dopo l'altra, falciandoli.

Malgrado l'effetto micidiale delle salve di fucileria i giacobiti si gettarono urlando contro le baionette britanniche.

Gli Highlanders raggiunsero le linee dei fucilieri, e malgrado la nuova tattica adottata da Cumberland- ogni uomo doveva puntare con la baionetta non al suo assalitore, che avrebbe deviato il colpo con lo scudo ma all'uomo che attaccava il camerata alla sua destra, colpendolo all'ascella destra, in modo da impedirgli di usare la claymore, malgrado le linee giacobite fossero sempre più esangui, ancora una volta le spade e i dirk riuscirono a mettere a mal partito le giubbe rosse, tanto che lo sfondamento sembrava imminente.

Lord Robert Kerr, capitano dei granatieri, respinse con la baionetta del suo moschetto[4] la prima carica dei Cameron, ma alla seconda ondata ebbe la testa mozzata di netto da un colpo di spada[5].

Gli uomini dei clan Stuart e Cameron travolsero i britannici e si infilarono nella breccia, investendo le compagnie granatiere dei reggimenti Munro e Barrell.

Gli Highlanders continuavano la loro spinta contro le linee britanniche, e il Barrell fu quello che maggiormente ne ebbe a soffrire.

Ancora altri plotoni del Barrell ripiegarono per raggrupparsi con il Semphill (in seconda linea) mentre lo spazio tra la prima e la seconda linea britannica si riempiva di clansmen infuriati.

Per un momento, e fu un breve momento, sembrò come se i Cameron stessero per spazzar via il Barrell.

Ne sfondarono la formazione al centro, facendo a pezzi quattro ufficiali. In questa confusione, dove un uomo non aveva spazio per usare la spada o puntare la baionetta, i clansmen colpivano e pugnalavano i soldati di Giorgio II con i dirk nella loro mano sinistra. L'attacco fu così impetuoso che il Barrell ed il Munro sarebbero stati completamente travolti e fatti a pezzi, se non fossero stati immediatamente appoggiati dai reggimenti schierati dietro di loro, il Semphill ed il Bligh, all'arrivo dei quali retrocessero ponendosi dietro il reggimento alla propria destra.

Alcuni clansmen raggiunsero la retroguardia del Barrell ferendo gravemente il comandante del reggimento, tenente colonnello Rich, con un colpo di claymore che gli amputò di netto una mano; un capitano del reggimento Munro ricordò più tardi:

---

4   *A differenza degli ufficiali della fanteria di linea, dotati di partigiana- spontoon- gli ufficiali dei granatieri erano armati con un moschetto.*
5   *Alla battaglia di Falkirk il capitano Kerr, cugino di lord Mark Kerr, aveva salvata la vita di un ufficiale superiore giacobita, il maggiore MacDonald of Tiendrich.*

▶ *Nota stampa dedicata alla battaglia di Culloden con in primo piano il Duca di Cumberland.*

◀ *Guglielmo Augusto di Hannover, duca di Cumberland, in inglese prince William Augustus, Duke of Cumberland (Londra, 15 aprile 1721 – Londra, 31 ottobre 1765), era figlio di re Giorgio II e di Carolina di Brandeburgo-Ansbach in un dipinto di David_Morier*

Grazie a Dio ne sono uscito incolume, ma la mia giubba è stat attraversata da sei pallottole. Nel mezzo dell'azione l'ufficiale che guidava i Cameron mi chiamò per chiedermi di arrendermi, ma io rifiutai e invitai il mascalzone ribelle a farsi avanti; lo fece, e mi sparò, ma provvidenzialmente sbagliò mira. A mia volta lo colpii a morte, e presi la sua pistola ed il suo dirk…

In un lasso di tempo così breve, non più di dieci minuti, i Cameron e gli Stuart di Appin ebbero contro gli uomini del Munro diciannove morti e sessantatré feriti; al Barrell andò molto peggio, con centoventi tra morti e feriti.

Dopo aver sfondato le linee del Barrell e del Munro alla propria destra, gli Highlanders dei Cameron e degli Stuart divAppin si gettarono contro i due pezzi di artiglieria collocati tra i reggimenti per attaccare la sinistra della seconda linea.

Vennero accolti da una salva di mitraglia e di moschetteria sparata dalle tre linee del Semphill e del Blight, che ne abbattè a decine, facendoli indietreggiare per un attimo, ma altri clansmen, chinati in avanti dietro le targes continuavano a gettarsi in avanti, verso un nemico invisibile per il fumo, del quale sentivano solo il rullo dei tamburi e i pifferi che intonavano la marcia British Grenadiers.

Si arrampicavano sui loro morti, che presto furono su strati di quattro, e si gettavano sui moschetti con tanta furia maniacale che presto lungo la linea si poté udire il clangore delle spade contro le canne,

Ma Cumberland, accorgendosi della situazione disperata, ordinò ad alcuni reggimenti di seconda linea di spostarsi cinquanta metri a sinistra, per impedire lo sfondamento imminente. Gli uomini dei reggimenti Munro e Barrell, che avevano fatto in tempo a sparare una sola salva, puntarono i fucili con le baionette innestate per affrontare i millecinquecento scozzesi che si stavano gettando su di loro, mentre i giacobiti si incuneavono nelle linee inglesi, spingendo di lato i 350 uomini del reggimento Barrell, che pure si battevano eroicamente, schiacciandoli contro il Semphill, gli uomini di quest'ultimo reggimento ed il Blygh si fecero sotto con le baionette,

Nel giro di pochi minuti abbattemmo, ricordò con una certa esagerazione un soldato inglese, più di 1600 uomini, che caddero uno sull'altro, tutti nel medesimo punto[6].

I fanti del Semphill avevano riempito la breccia formatasi dietro al Munro ed al Barrell, bloccando l'assalto giacobita. Adesso i britannici contrattaccavano alla baionetta, e la nuova tattica, cui i giacobiti non erano abituati si dimostrò vincente: una testimonianza di un ufficiale inglese, riportata da Harrington, sottolinea come le nuove tattiche

Fecero una differenza essenziale: disorientarono il nemico che non era preparato a mutare il proprio modo di combattere e lo annientarono in un modo più facile ad immaginarsi che a descriversi.

L'attacco andò perdendo di impeto, e i cinquecento scozzesi superstiti che avevano sfondato la prima linea si trovarono tra il fuoco del Semphill e del Bligh e le baionette inglesi; come ricordò un soldato britannico, Non credo di ricordare un solo soldato del Barrell che non abbia ucciso una moltitudine di nemici[7]

Ore 1, 50 del pomeriggio. I clan si ritirano.

I giacobiti superstiti cominciarono a ritirarsi; lord Lochiel, gravemente ferito, venne portato via da due uomini del clan Cameron, mentre il clan si ritirava scoraggiato.

Gli Highlanders avevano combattuto furiosamente.

A Prestonpans era bastato meno per far fuggire le truppe di Cope, ma non i veterani di Dettinger e di Fontenoy. I granatieri inglesi dalle mitrie a punta fecero onore alla loro canzone:

> *Some talk of Alexander, and some of Hercules,*
> *Of Conon and Lysander and some of Meltiadies*
> *But of all the world's brave heroes there's none that can compare,*
> *With a tow row row row row*

---

6   *Cit. in Harrington, Culloden 1746, cit.,* 64.
7   *Ibid.*

To the British Grenadiers.
Those heroes of antiquity ne' er saw a cannon ball,
Or knew the force of powder to slay their foes withal.
But our brave boys do know it, and banish all their fears,
With a tow, row, row, row, row, row, for the British Grenadier

Per parafrasare Polibio, a Culloden le baionette dei Granatieri inglesi umiliarono l'orgoglio scozzese.

Alla fine la furia si affievolì. Uno ad uno, poi due o tre, ed alla fine a decine, gli Suart e i Camerons tornarono indietro, scappando o camminando guardando il nemico con aria di sfida.

E il Chevalier de Johnstone, che assisté alla carica dall'ala sinistra:

Gli stessi Highlanders che erano avanzati alla carica con ardimento e determinazione si vedevano fuggire come trementi codardi, nel più grande disordine. Si può dire che il modo di andare all'attacco degli Highlanders ha una forte somiglianza con quello dei Francesi: è una fiammata della quale si deve temere più la violenza che la durata[8].

Le ricerche archeologiche dell'Università di Glasgow condotte da T. Pollard a partire dal 2001 hanno dimostrato che gli stuardisti fossero avanzati molto più di quanto si supponesse; in prossimità del cippo che ricorda i caduti britannici sono stati rinvenuti numerosi proiettili di mitraglia, sparati a distanza ravvicinata, a rischio di colpire gli stessi soldati britannici, frammenti di armi che presentano fratture nette, provocate con ogni probabilità dalle lame delle broadswords giacobite e una croce appartenuta ad un giacobita cattolico, ciò che dimostra come le truppe di Carlo fossero arrivate vicine ad una vittoria decisiva[9].

Alcuni Highlanders, rimasti senz'armi, cominciarono a scagliare pietre contro le giubbe rosse, con grande divertimento del duca di Cumberland, mentre quelli che si ritiravano venivano decimati dalle salve dei fucilieri del Wolfe e dall'artiglieria britannica, che continuava il fuoco a mitraglia; ed anche lord Murray, che aveva oltrepassato le linee britanniche, riuscì a fatica a ritornare indietro dopo esser stato disarcionato ed essersi aperto una via di ritirata combattendo all'arma bianca.

In alcuni punti nei quali gli scontri erano stati particolarmente feroci i giacobiti morti erano accatastati su tre file, per una profondità di quattro. Il massacro fu particolarmente grande tra i MacIntosh: solo tre uomini si salvarono dalla carneficina.

Nel frattempo, i MacDonald non si erano uniti alla carica, indignati perchè, come detto, non erano stai schierati sul lato destro, il posto d'onore dello schieramento, come era diritto del clan sin dal tempo del re Robert the Bruce; e le esortazioni ricevute erano riuscite solo a farli muovere quel tanto che bastava per farli allineare con gli altri clan all'inizio della battaglia, né avevano voluto più muoversi, sia perché si consideravano disonorati dall'esser stati privati del posto d'onore, sia perché era considerato un pessimo auspicio.

Neppure l'intervento personale del duca di Perth, che sostenne che il tradizionale valore dei MacDonald sarebbe bastato a far diventare l'ala sinistra l'ala destra; e quando alla fine avevano deciso di avanzare, per non essere da meno degli altri era troppo tardi: il clan si trovò ad avanzare nella palude, con l'acqua che arrivava fino al ginocchio venne falciato dalle scariche britanniche, e si arrestò. Mentre era fermo, con i suoi membri che colpivano rabbiosamente l'erba con le proprie spade, il resto dell'esercito cominciò a ripiegare, spesso a fuggire, sulle posizioni di partenza, ed anche il clan MacDonald si unì imprecando alla ritirata generale, anche per la minacciosa presenza sul fianco dei dragoni inglesi, senza mai essere giunti a contatto con l'esercito di re Giorgio II.

Alcuni ufficiali andarono all'assalto con i Keppoch, ma molti incluso il loro comandante vennero falciati dalla fucileria inglese. Keppoch, vedendo i suoi uomini ritirarsi, avanzò verso il nemico, e venne ferito una prima volta; soccorso da un suo clansman, che lo implorò di tornare indietro, si rialzò a fatica e continuò a dirigersi verso le linee inglesi, finché non venne colpito a morte.

E mentre i MacDonald si ritiravano, sotto il tiro dell'artiglieria be della fucileria, 60 dragoni del Cobham e cavalleggeri del Kingston si lanciarono alla carica sciabolando i fuggiaschi. Solo una precisa scarica di

---

8   *Chevalier de Johnstone, Memoirs, cit., p. 143.*
9   *Si veda il capitolo sull'archeologia della battaglia.* T. Pollard, *Culloden Battlefield: Report on the Archaeological Investigation. GUARD report 1981. Glasgow 2006: id. Culloden. The History and Archaeology of the last Clan Battle, ivi 2009*

fucileria degli irlandesi al servizio del re di Francia li disperse.
Le cose per i giacobiti erano andate anche peggio al centro e sulla sinistra.
L'avanzata dei MacIntosh (Chattan) aveva indotto anche gli altri clan a seguirne l'esempio, come i MacLean ed i MacLachlan, ma la disposizione obliqua dello schieramento giacobita faceva sì che dovessero percorrere più terreno per arrivare a contatto con i britannici: nessuno di loro vi giunse mai.
Le scariche di fucileria del Pultney e dei Royals del colonnello StClair falciarono gli Highlanders: dei duecento MacLean ne morirono centocinquanta, i Keppoch ed i MacDonnell di Scothouse caddero a venti metri dalle linee inglesi, senza giungere a contatto fisico col nemico.
Mentre i clan si ritirarono venne il momento degli uomini di Argyll. Si alzarono in piedi da dietro i muretti di pietra a secco e spararono una salva di fucileria sul fianco dei giacobiti in ritirata; con calme ricaricarono e spararono tre altre scariche, poi, depositi i fucili estrassero le loro claymore ed al loro grido di battaglia Chruachan! gli Highlanders di Giorgio II attaccarono il fianco dei demoralizzati ed esausti compatrioti di Carlo Edoardo Stuart, uscendo di corsa dalla breccia aperta nel muro o scavalcandolo; ma vennero respinti dai Cameron, loro tradizionali nemici, e il loro comandante, Colin Campbell of Ballimore venne ucciso.

Ore 1, 55 del pomeriggio. La manovra aggirante della cavalleria britannica.

Dalla breccia uscirono anche i dragoni dei reggimenti Cobham e Kerr, circa cinquecento uomini, dieci squadroni guidati dal generale Hawley, che iniziarono una manovra di aggiramento sul fianco sinistro giacobita; dopo aver disperso gli uomini i Gordon del battaglione Avochie i dragoni raggiunsero le prime case del villaggio di Culchunaig.
Per proteggere il fianco dello schieramento e la persona del principe i cavalleggeri di lord Elcho e del Fitz-James si schierarono per opporsi alla minaccia proveniente dalle truppe britanniche schierate dietro i muretti del campo recintato; erano 160 uomini dei 400 iniziali, demoralizzati e con cavalli stanchi ed affamati, e non poterono caricare per il terreno acquitrinoso, ma piombarono sui dragoni britannici causando qualche perdita con carabine e pistole. I dragoni si dimostrarono eccessivamente cauti, e l'azione di lord Elcho e del colonnello O'Shea aveva fatto guadagnare alle truppe giacobite dieci minuti, permettendo all'ala destra di ripiegare in buon ordine, senza dei quali sarebbe stata massacrata. Quando infine i dragoni britannici si decisero a caricare, i chevaux legers formarono un quadrato a protezione degli Highlanders in ritirata. Del resto è acclarato come la cavalleria britannica evitasse di attaccare le unità giacobite in rotta, preferendo accanirsi su sbandati e feriti.
Quando i dragoni di Kerr e di Cobhan raggiunsero il moor dando il via alla carneficina, l'ala sinistra giacobita era in rotta completa, incalzata dai cavalleggeri di Kingston, che tentavano di aggirarla in modo da riunirsi con la cavalleria inglese sulla sinistra.
I cavalleggeri britannici del Kingston attaccarono il Royal Ecossois, posizionato al centro della linea giacobita, mentre il Cobhan lo caricava da dietro, ma l'intervento dei Piquets Irlandais che spararono delle salve di fucileria assai precise, frutto di un addestramento ben diverso da quello dei clan scozzesi, evitò il completo accerchiamento, salvando almeno un centinaio di vite, finché il fuoco dell'artiglieria inglese non li costrinse a riparare a loro volta dietro un muretto, prima di ritirarsi verso Inverness.
Murray, che era riuscito a tornare nelle proprie linee cercò di spingere al combattimento la seconda linea giacobita e le truppe francesi, ma era chiaro come la giornata, e con essa la causa della Casa Stuart, fosse perduta. Carlo Edoardo ebbe una discussione con O'Sullivan, che lo esortava a lasciare il campo di battaglia, per evitare di essere catturato; allora il Quartiermastro Generale si rivolse alla scorta di cavalleria:
Vedete bene che tutto è perduto. Non potete essere di grande aiuto; così prima che la disfatta diventi generale, salvate il Principe, e portatelo via di qui!
Ma the Young Chevalier tentava di opporsi, appellandosi agli Hihlanders in rotta, chiedendo loro di seguirlo in un'ultima carica:
Riformate i ranghi, in nome di Dio. Vi prego, gentiluomini, tornate indietro!
Ma gli stuardisti erano in rotta completa, ancor più disperati che terrorizzati, e iniziarono a fuggire; a

Carlo che cercava di trattenerli rispondevano con il grido *Prince- och òn! Och rie!*, l'espressione gaelica che esprime la maggiore disperazione.

Alla fine una cornetta di cavalleria[10] prese per le redini il cavallo di Carlo, e bruscamente gli voltò la testa e lo spronò verso le retrovie. Il cavallo scartò, ed a Carlo cadde il cappello con la lunga penna d'aquila nel fango, sotto gli zoccoli dei cavalli; e il Giovane Pretendente si diresse verso Balvraid ed il fiume Nairn, scortato dalla sua cavalleria e da ciò che rimaneva di due reggimenti delle Highlands, il John Roy Stewart ed il Glenbucket, mentre tra le grida di chi lo invitava a salvarsi, si udirono anche *quelle di Run, you cowardly Italian!*

Ore 2 del pomeriggio. I britannici avanzano.

Nel frattempo la pioggia mista a nevischio era cessata, ed il vento dell'est aveva spazzato via le nubi, e il cielo appariva giallo zolfo per il fumo. Nelle linee inglesi ufficiali inferiori e sottufficiali diedero finalmente il riposo, ed i soldati di Cumberland poterono tirare il fiato, mentre dalle navi britanniche in rada nel Moray Firth iniziavano a sparare salve di cannone per salutare la vittoria; dopo aver inviato un aiutante di campo a Fort George affinché si recasse a Londra per annunciare la vittoria, Cumberland cavalcò davanti ai suoi esausti reggimenti, salutato dalle grida di Billy! Billy!.

Durò poco: i tamburi batterono l'avanzata, ed al suono dei piffari, con le bandiere spiegate, i reggimenti di Sua Maestà, eccetto il Munro ed il Barrell, che rimasero a prendersi cura dei propri feriti, avanzarono sul campo di battaglia coperto da morti e feriti.

Arrivati su quelle che erano state le linee giacobite, i reggimenti si fermarono nuovamente, e finalmente dopo ore poterono mangiare qualcosa, uno spuntino di crackers e formaggio, lo stesso frugale pasto

---

10   *Corrisponde ad un alfiere di fanteria. La cornetta era la bandiera dei reggimenti di cavalleria leggera, distinta dallo stendardo dei reparti di cavalleria pesante.*

▲ *Una delle rappresentazioni più note della battaglia di Culloden. Dipinto di David Morier.*

consumato anche dal duca e dal suo seguito; poi alcuni soldati uscirono dai ranghi e cominciarono ad uccidere i feriti giacobiti a colpi di baionetta. Ben presto il carnaio divenne generale.

La carneficina venne giustificata a posteriori con il ritrovamento di un ordine di Carlo Edoardo in cui si incitavano i giacobiti a non dare quartiere agli uomini di Giorgio II, ma, vero o falso che fosse tale ordine, vero è che il massacro era già cominciato, e del resto i medici militari inglesi si rifiutavano di assistere i feriti stuardisti, in base alla falsa affermazione che i feriti britannici fossero stati abbandonati e maltrattati dopo la battaglia di Prestonpans.

Il duca di Cumberland ordinò di passare al setaccio tutti gli edifici e le fattorie per individuare ed eliminare ogni giacobita:

Gli ufficiali e gli uomini terranno presente che gli ordini ufficiali dei ribelli, ieri, erano di non darci quartiere.

Il generale Hawley ordinò che i feriti fossero ammazzati sul posto, e pattuglie di fanti e dragoni si misero a perlustrare il campo di battaglia alla ricerca di chiunque fosse ancora vivo[11].

La brughiera era ricoperta di sangue e i nostri uomini, vuoi per l'uccidere il nemico, vuoi per lo sguazzare con i piedi nel sangue, vuoi per lo schizzarsi a vicenda, sembravano più dei macellai che dei soldati cristiani[12].

Un celebre aneddoto, sia pure probabilmente falso, rende l'idea del momento: vedendo un ufficiale giacobita ferito, il generale Hawley- in altre versioni lo stesso Cumberland- avrebbe ordinato al diciannovenne maggiore James Wolfe, il futuro eroe di Quebec, di ucciderlo; ma Wolfe avrebbe risposto:

Spiacente Signore, la mia spada è agli ordini di Sua Maestà, ma non la mia coscienza.

Si tratta però di una pia leggenda, volta a salvare la memoria di Wolfe dall'associazione con i massacri di Culloden; una lettera, scritta da Wolfe a tal William Sotheron il giorno dopo la battaglia mostra, al contrario, una ben diversa disposizione d'animo verso i giacobiti, vantandosi del fatto che abbiamo fatti prigionieri meno Highlanders possibili:

Inverness, 17 aprile 1746

Il Duca ha ingaggiato l'esercito ribelle, e in circa un'ora li ha buttati fuori dal campo di battaglia, dove hanno lasciato circa 1500 morti; il resto, eccetto i prigionieri, è fuggito sulla colline circostanti. I ribelli si era posti su una brughiera alta e paludosa, dove credevano che i nostri cannoni e la nostra cavalleria fossero inutili; ma entrambi hanno reso un servizio essenziale. L'artiglieria in particolare li ha infastiditi parecchio, e dopo aver sparato per un quarto d'ora, li ha obbligati a cercare di cambiare la loro situazione e muovere avanti di 100 yarde all'incirca per attaccare la nostra Fanteria, cosa che fecero con molta più furia che prudenza, gettando via le loro armi da fuoco ed avanzando con le loro spade sguainate. Tuttavia vennero respinti, e scapparono con la massima rapidità, e i Dragoni piombando su di loro completarono la vittoria con un gran massacro. Abbiamo catturato circa venti [sic!] pezzi di artiglieria sul campo e settecento prigionieri, tra i quali tutti i Picchetti Irlandesi, e spade, e innumerevoli plaid. Nell'esercito ribelle erano stati dati pubblicamente ordini di non dare quartiere alle nostre truppe. Abbiamo avuto modo di vendicarci, e posso assicurarvi che abbiamo fatti prigionieri meno Highlanders possibili. Possa essere sempre punito così chi osasse riprovarci!

Come scrisse il capitano giacobita James Maxwell of Kirkconnell, aiutante di campo del Principe di Galles e ufficiale delle Horseguards di lord Elcho,

Straordinariamente pochi furono quelli fatti prigionieri su un campo di battaglia che costituiva una scena di orrore e disumanità quale si incontra raramente tra le nazioni civili.

John Fraser, alfiere del reggimento di Lovat, ferito ad una coscia da un colpo di baionetta venne fatto prigioniero e condotto in una casa vicina con altri prigionieri; tre giorni dopo vennero portati nel cortile, dove i soldati inglesi sfondarono loro la testa con i calci dei fucili; Fraser ebbe un colpo che gli ruppe la testa, sfondò il timpano e provocò la fuoriuscita di un occhio, svenuto e creduto morto, riuscì a raggiungere un cottage vicino ed a sopravvivere. Nell'ovile della blackhouse di Leanach si erano rifugiati una trentina di Highlanders feriti: i soldati inglesi si limitarono a sprangare la porta ed ad incendiare il tetto di paglia, bruciandoli vivi[13]. Una testimonianza dell'epoca riporta:

Ad una breve distanza dal campo [di battaglia] c'era una capanna per proteggere pecore e capre dal freddo

---

11	*Hawley si guadagnò il soprannome di hangman, il boia.*
12	*Cit.in Harrington, Culloden 1746, cit., p.81.*
13	*L'ovile, oggi non più esistente, è stato individuato nel corso di saggi archeologici sponsorizzati da History Channel negli anni Duemila.*

e dal maltempo; alcuni feriti erano strisciati sino a questa capanna, ma erano stati ben presto scoperti dai soldati, che (immediatamente dopo la scoperta) sbarrarono la porta, ed appiccarono il fuoco a diversi punti della capanna, così che tutti quelli che vi erano all'interno perirono tra le fiamme, in numero tra le trenta e le quaranta persone, tra le quali alcuni mendicanti, che avevano assistito alla battaglia sperando di approfittare del saccheggio! Molta gente venne e vide i corpi bruciati e soffocati tra le rovine della capanna. Di certo, i poveri mendicanti non potevano venir considerati in alcun modo ribelli[14]*!*

I dragoni all'inseguimento massacrarono non solamente i giacobiti in fuga, ma anche parecchi abitanti di Inverness che avevano voluto assistere alla battaglia per curiosità.

Alcuni ufficiali del Giovane Pretendente scelsero di affidarsi al senso di cavalleria del duca di Cumberland, come lord Balmerino, che si arrese alle truppe britanniche: sarebbe stato condannato, ultimo lord britannico ad essere giustiziato in pubblico. Lord Kilmanrock confuse le divise rosse dei dragoni britannici con quelle, egualmente rosse, del Fitz-James e venne catturato; lord Strathallan invece preferì morire piuttosto che arrendersi, e radunati pochi uomini caricò i dragoni del Cobhan, rimanendo ucciso.

Gli ultimi ad abbandonare il campo di battaglia a Drummossie Moor furono le truppe al servizio del re di Francia, che al rullo dei tamburi si diressero verso Inverness; si sarebbero arrese al duca di Cumberland, sfilando con i fucili con il calcio in avanti e ricevendo l'onore delle armi, come si conveniva a prigionieri di guerra da trattare con tutte le convenzioni della guerre en dentelle, e rimandati in Francia con l'impegno di non prendere più le armi contro i britannici Con gli Highlanders, come vedremo, William Augustus fu invece talmente feroce da diventare noto da Sweet Bill a The Butcher.

Gli ultimi combattimenti delle truppe al soldo del re di Francia meritano un approfondimento. Gli autori scozzesi hanno spesso sottovalutato, o denigrato, il ruolo svolto dalle truppe di Luigi XV nella fase finale della battaglia, spesso accusando scozzesi e irlandesi di essere semplicemente scappati; non è che una vergognosa menzogna, una delle tante sulla battaglia, e la realtà è all'opposto.

Le truppe irlandesi dei Piquets Irlandaises erano rimaste schierate di riserva durante la carica degli Highlanders e la successiva rotta, aprendo i ranghi per lasciar passare i clansmen in fuga, e richiudendo le fila. Quando il migliaio di dragoni e cavalleggeri britannici di Hawley si apprestarono a caricare i 175 uomini dei Piquets, i tamburi rullarono, e gli irlandesi avanzarono di cinque passi, urlando il grido di battaglia Cuimhnighidh ar Luimneach agus ar Feall na Sassanach! Ricordatevi di Limerick e dell'infamia inglese! lo stesso grido che era risuonato l'anno prima a Fontenoy, quando il maresciallo de Saxe aveva sconfitto Cumberland. Non erano più i clansmen da affrontare per gli inglesi, ma truppe francesi, ben addestrate e veterane delle Fiandre, che avevano già sconfitto i britannici e non li temevano. Al comando degli ufficiali, tra cui lo stesso generale Stapleton che si schierò, sciabola alla mano, in prima linea. La prima fila irlandese si inginocchiò, mentre la seconda puntava i fucili, scaricando sulla cavalleria britannica un fuoco dalla precisione micidiale, che respinse la carica, facendo ripiegare gli uomini di Hawley che iniziarono a loro volta a sparare con le proprie armi da fuoco; dopo uno scambio di moschetteria i dragoni caricarono di nuovo, ma vennero ancora respinti dalle baionette dei Piquets, cui si unirono anche i Royal Escossais, i quali sino a quel momento avevano respinto la Argyll Militia, che si posizionarono ad angolo retto rispetto alla linea dei Piquets per evitarne l'accerchiamento. A questo punto i tamburi batterono la ritirata, e muovendosi lentamente a passi indietro, sempre fronte al nemico, irlandesi e scozzesi di Luigi XV si mossero verso la strada per Inverness, continuando a sparare salve di fucileria ad intervalli regolari, finché ebbero munizioni.

Gli Highlanders e i loro capi, compreso il Principe, erano già fuggiti dal campo di battaglia da parecchio mentre i soldati di Luigi XV continuavano a combattere, ritirandosi su Inverness.

La battaglia era durata in tutto poco più di quaranta minuti. Ad eccezione di Murray, di Charles Stuart Ardshield e di lord Nairn, tutti i comandanti giacobiti erano morti e feriti, un terzo dei soldati dei reggimenti del centro e dell'ala destra erano morti: basti pensare che di tutti i MacIntosh che avevano combattuto a Culloden erano rimasti vivi in tre.

Perdite ancora più dannose per il futuro delle Highlands perché colpirono soprattutto i gentlemen dei clan, meglio armati, e che si schieravano nelle prime file, ossia i piccoli proprietari, i membri della classe di mezzo più colti e ben intraprendenti dei propri tenants, meno armati, che li seguivano nelle file di

---

[14]   Anonimo, *A Copy of a Letter from a Gentleman in London to his Friend at Bath*, London 1750, p.4.

retroguardia, totalmente privi di ogni forma di istruzione, legati solo alla terra del loro signore o alla pastorizia, paragonabili in questo ai servi pastori sardi o ai servi della gleba della Russia zarista, ciò che farà piombare le Highlands, insieme alle clearances ad alla repressione inglese, in età oscura da cui usciranno solo nella metà del XX secolo, impedendo la nascita di una classe media come nelle Lowlands ed ad Edimburgo e Glasgow: i gentlemen degli Stuart di Appin, per esempio, costituirono un terzo dei morti del clan nella battaglia, e un quarto dei feriti.

▲ *Una pietra, conosciuta come "La pietra inglese", è situata ad ovest del cottage Old Leanach e si dice stia ad indicare il luogo di sepoltura dei caduti dell'armata reale. Sempre a ovest del cottage si trova un'altra pietra, eretta da Forbes, che segna il luogo dove il corpo di Alexander McGillivray di Dunmaglass è stato trovato dopo la battaglia. Mentre una terza pietra posta poco lontano sul lato orientale del campo di battaglia dovrebbe segnare il punto in cui Cumberland diresse la battaglia.*

Perdite.

Royal Army:	Morti	Feriti
The Royals (1st)	0	4
Howard's Old Buffs (3rd)	1	2
Barrel's King's Own (4th)	17	108
Wolfe's (8th)	0	1
Cholmondeley's (34th)	12	0
Price's (14th)	1	9
Ligonier's (48th), (Conway's)	1	5
Pulteney's (13th)	0	0
Sempill's (25th),	1	13
Campbell's RSF (21st)	0	7
Blakeney's (27th)	0	0
Munro's (37th), (Dejean's)	14	69
Fleming's (36th)	0	6
Bligh's (20th)	4	17
Battereau's (62nd)	0	3
Highland Militia	6	4
Cobham's Dragoons	1	0
Kerr's Dragoons	3	3
Kingston's Light Horse	0	1

Totale: 50 morti e 254 feriti[1]

1	Molti feriti morirono dopo la battaglia. Ad esempio, sui 104 feriti del Barrell ne sopravvissero solo 29, e tutti e sei gli artigliere feriti morirono: S. Reid, Culloden Moor 1746: The Death of Jacobite Cause, Oxford 2002, pp.85-87.

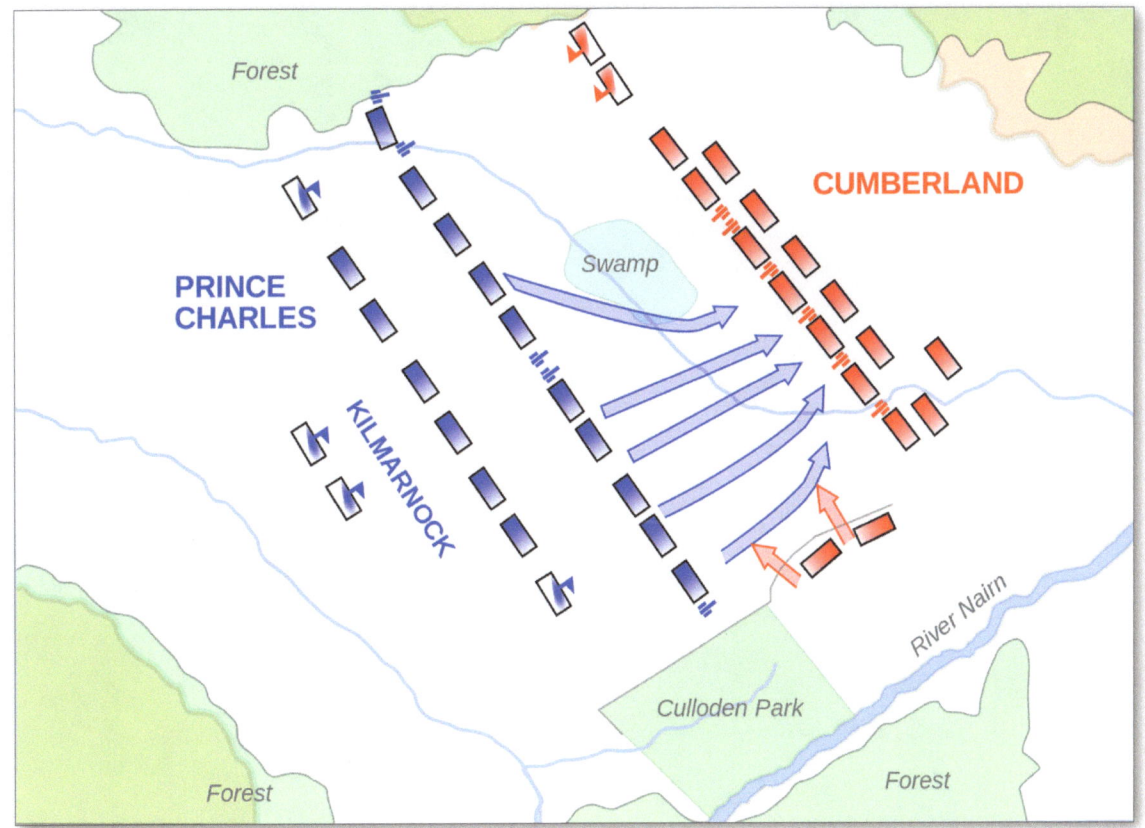

▲ *Schieramenti iniziali della battaglia di Culloden.*

◄ *Il memoriale eretto a ricordo di tutti i caditi della battaglia.*

Ufficiali britannici morti e feriti nella battaglia:

Morti:
Barrell: Cpt. Lord Robert Ker;
Price: Cpt. Grossette;
Loudon's Highland Militia (Campbell): Cpt. John Campbell, ferito, poi deceduto;
Argyll Militia: Cpt. Colin Campbell, ferito, poi deceduto.

Feriti:
Barrell: Leut.Col. Rich, cpt. Romer, lieut. Edmonds, ens[2]. Campbell, ens. Brown;
Wolfe: Ens. Bruce;
Price: Cpt. Simon;
Bligh: Lieut. Trapaud;
Munro:Cpt. Kinnier, lieut. King, lieut. Lort, ens. Dally, ens. Mundock;
Ligonier: Cpt. Spark;
Batterau: Cpt.Carter.

Cavalli:
Kingston: 2 cavalli uccisi, 1 ferito;
Cobham: 4 cavalli uccisi, 5 feriti;
Ker: 4 cavalli uccisi, 16 feriti.

---

2   *Ensign, alfiere, il grado più basso tra gli ufficiali britannici.*

Perdite giacobite (cifre indicative)

Morti	Feriti	Prigionieri[3]
1.250	1.000	558

Ufficiali superiori uccisi:
Lord James Drummond of Strathallan; lord Alexander Macdonald of Keppoch; col. Charles Fraser of Inverallochie; col. Mackenzie; col. MacIntosh; maj. MacBain.

Ufficiali prigionieri:
Ufficiali superiori: i colonnelli conti di Kilmarnock e di Cromarty; lord Balmerino; lord MacLeod; col. MacGillivray, capo del clan MacIntosh; col.MacGhie of Shirloch, capo del clan Raunach; col. Stuart of Ardsheal, capo del clan Stuart di Appin; maj. Glasgow.
Ufficiali inferiori: Capitani John Farquharson (Farquharson's); Alexander Cuming; Alexander Buchanan (entrambi del Perth's); Andrew Wood (Roy Stuart's); Andrew Spruel (Pitsligo's); Leut. George Gordon (Glenbucket's); alfieri Duncan MacGrigor (Farquharson's); James Lindsay (Strathallan's); James Hay (Pitsligo's)[4].

Nobildonne catturate:
Lady Ogilvy; lady Kinloch; lady Gordon; lady MacIntosh; lady MacGie of Shirloch; mrs Williams[5].

---

3   In buona parte giustiziati dopo la battaglia.
4   Il bassissimo numero di ufficiali inferiori prigionieri e in tutto, rende più di mille parole l'idea di quanto siano stato sanguinoso il combattimento e gravi le perdite dell'esercito delle Highlands: nessun ufficiale inferiore dei clan venne catturato vivo dai britannici
5   Gli elenchi nominativi degli ufficiali britannici uccisi e feriti, dei cavalli, di quelli giacobiti morti e catturati e delle nobildonne fatte prigioniere sono tratti dall'appendice alla relazione ufficiale britannica preparata per ordine del duca di Cumberland dopo la battaglia, e pubblicata in Charles, Transaction in Scotland, cit., II, pp. 295 segg.

DOPO LA BATTAGLIA

Mourn, hapless Caledonia, mourn...
Thy sons, for valour long renown'd,
Lie slaughtered on their native groumd...
Thy towering spirit now is broke,
thy neck bended to the yoke.

(Thomas Smollett, The Tears of Scotland , 1746)

Mentre il Giovane Pretendente stava per guadare il Nairn a Faillie in uno stato deplorevole, convinto di essere stato tradito, ebbe uno scambio di idee con O'Sullivan e lord Elcho su cosa fare, ma la vista di altri ufficiali in fuga lo scoraggiò ancor più, e venne presa la decisione di dirigersi verso le proprietà dei Fraser, ed inviato l'ordine alle unità dirette alle Ruthwen Barracks di disperdersi.

Intanto la cavalleria di re Giorgio inseguiva i giacobiti lungo la strada per Inverness; i cavalleggeri di Kingston sparavano e sciabolavano senza sosta gli scozzesi, ormai divenuti un gregge di pecore terrorizzate: *I nostri reggimenti di cavalleria che si trovavano a sinistra e a destra, scrisse un soldato britannico, li inseguirono, spada e pistola spianate, e ne abbatterono così tanti, che non vidi mai un così piccolo terreno più pieno di cadaveri.*

Sotto le sciabole dei dragoni caddero uccisi anche moltissimi civili in fuga: si calcola che almeno millecinquecento furono gli Highlanders che lasciarono le case e le fattorie per aggiungersi alla marea dei fuggitivi[1]

Quando i primi clansmen in rotta raggiunsero Inverness incrociarono alcuni uomini del clan Fraser, guidati

---

1   Harrimgton, Culloden 1976, cit., p.78.

▲ *Le paludi di Culloden Moor che fermarono la carica del clan MacDonald.*

◄ *Mappa settecentesca del campo di battaglia di Culloden.*

da signore di Lovat, diretti ad unirsi con le truppe di Carlo, il quale, vista la mutata situazione e la sconfitta del Young Chevalier, ordinò il dietro-front ai propri uomini e attraversò la città con le bandiere spiegate e al suono delle cornamuse; raggiunto il ponte sulla Ness ed occupatolo Lovat fece aprire il fuoco sui giacobiti in fuga, un gesto che ne assicurò le fortune sotto gli Hannover negli anni successivi.

L'esercito inglese marciò su Inverness nel primo pomeriggio; sulla strada un tamburino irlandese di nome Kelly si avvicinò al duca con una lettera del generale Stapleton, comandante dei Piquets Irlandaises e degli altri ufficiali francesi in cui si offriva la resa dei reparti di Luigi XV:

Signore,
Gli ufficiali e soldati francesi che sono a Inverness, si arrendono a Sua Altezza Reale il Duca di Cumberland, e sperano ogni cosa possibile dalla generosità inglese. Firmato Cusace, Murphy, Le Marquis de Guilles, Dehau, O'Brien, McDonnel.

Quando arrivò la risposta favorevole di Cumberland, venne inviato come parlamentare il capitano O'Neill. Cumberland rispose a O'Neill che

Se sono francesi, o al servizio del re di Francia, riceveranno un trattamento onorevole.

Nella città erano già arrivati i dragoni, che avevano già iniziato la caccia ai seguaci di Carlo; il primo reggimento di fanteria ad entrare ad Inverness alle quattro del pomeriggio fu il Semphill, che offrì agli abitanti un curioso spettacolo: molti soldati britannici avevano preso sul campo di Culloden berretti, plaid e scudi ai caduti stuardisti, e ora li indossavano come trofei, poi, circondato dai dragoni e dai suoi ussari ungheresi e hessiani fece il proprio ingresso trionfale Cumberland, salutato dal suono delle campane a stormo. Il duca prese alloggio nella casa della vedova MacIntosh, la medesima dove, due notti prima, aveva dormito il principe Carlo[2].

Le carceri cittadine vennero svuotate dai prigionieri lealisti che vi erano detenuti, per lo più Highlanders dell'Argyll Militia, e immediatamente riempite di simpatizzanti giacobiti, 336 scozzesi e 222 francesi[3]. Altri prigionieri, disertori dell'esercito britannico, unitisi- o forzati ad unirsi- all'esercito di Carlo vennero immediatamente impiccati su forche improvvisate.

Ogni detenuto lealista ricevette una ghinea dal duca, mentre i feriti della battaglia, circa 250, molti dei quali destinati a morire di lì a poco per le ferite, ne ricevettero dodici; chi aveva catturato una bandiera nemica invece ne ricevette sedici.

Ma non tutti o giacobiti scapparono. Lord George Murray, dando ancora mostra delle sue capacità di comando, prese in mano le redini della situazione, e condusse ciò che rimaneva delle forze giacobite,

---

2 *La vecchia dama giacobita stanca di trovarsi la casa invasa da principi, cortigiani e servitori, si sfogò: Ho avuto qui due figli di re che hanno vissuto con me ai miei tempi, e a dire il vero, spero di non averne mai più! (I have had twa king's bairn living wi' me in my time, and to tell the truth, I wish I may ever hae anither):* Wilkinson, British Soldier Heroes from Cromwell to Wellington, Haymarket sd., p.156.

3 *La resa dei reparti francesi sarebbe avvenuta il 19 aprile; dopo quella data i prigionieri al servizio di Luigi XV sarebbero stati scarcerati e trattati come prigionieri di guerra.*

soprattutto la parte che aveva tenuto il centro e la destra dello schieramento, al suono delle cornamuse e a bandiere spiegate, verso Balvraid, e da qui verso il guado di Faillie, da dove era passato il Principe con Elcho e O'Sullivan, a sei chilometri e mezzi da Culloden Moor, con la protezione dei due battaglioni di Ogilvy e di Angus, che riuscirono a respingere gli attacchi dei dragoni inglesi. Da Faillie Murray ed i suoi raggiunsero le colline a sud, dove sarebbe stato più semplice scampare all'inseguimento della cavalleria di Cumberland.

Qui l'esercito di Carlo Edoardo si divise in due tronconi: i Lowlanders, tremila alla cui testa si pose lord George Murray, si diressero verso sud e Corrybrough, diretti alle Ruthven Barracks, dove avevano ordine di raggrupparsi, e dove ricevettero l'ordine di scioglimento da parte del Pretendente, che, giudicando persa la propria causa, sciolse dal giuramento i suoi seguaci ed invitò ogni suo seguace a cavarsela da solo come meglio potesse:

...To shift for himself as best he could[4]

Murray, assai piccato, rispose dando dell'incapace, e lamentandosi della sfiducia dimostrata da Carlo che aveva portato alla sconfitta, pregandolo di accettare le sue dimissioni dal suo servizio, e criticando ferocemente Hay e O'Sullivan: vale la pena di riportare integralmente il documento:

Sperando possa soddisfare Vostra Altezza Reale. Dal momento che nessuno in questi regni si è dedicato alla causa con maggiore dedizione di me, e se ne è occupato più di tutti gli altri messi insieme, così può esser certa come io non possa che essere profondamente addolorato per la nostra passata sconfitta e per la situazione attuale, ma io qui dichiaro che essendo in salvo vostra A.R., la sconfitta della causa e la disgrazia dei miei compatrioti sono la sola cosa che addolora, perché, grazie a Dio, ho intenzione di sopportare senza un lamento la rovina mia e della mia famiglia.

Signore, spero vogliate perdonarmi in questa occasione se menziono poche verità sulle quali tutti i Gentiluomini del nostro esercito sembrano tutti essere d'accordo.

E' stato profondamente errato innalzare lo stendardo reale senza avere un'assicurazione positiva da parte della Maestà Cristianissima[5] che Vi avrebbe assistito con tutte le proprie forze, e poiché la Vostra famiglia reale perse

---

4 Roberts, *The Jacobite Wars*, Edinburgh 2002, p. 183.
5 Luigi XV.

▶ *La pietra che indica le sepolture degli inglesi*

◀ *La pietra dedicata ai caduti del clan Fraser.*

la corona di questi regni per colpa della Francia, il mondo aveva ed ha ragione di aspettarsi che la Francia debba cogliere la prima occasione favorevole per restaurare la Vostra Augusta Famiglia.

Devo anche render noto a Vostra A.R. che noi tutti siamo pienamente convinti che il signor O'Sulivan [sic] del quale Vostra A.R. si è fidata nelle cose più essenziali riguardo alle Vostre operazioni, fosse straordinariamente inadatto e abbia commesso grossolani errori in ogni occasione e momento: egli, che era tenuto a farlo, non ispezionò nemmeno il terreno dove dovevamo schierarci in linea di Battaglia, e fu un errore fatale permettere ieri di permettere al nemico di occupare quei muri sulla loro sinistra, che ci resero impossibile sfondare la loro linea, e con il loro fuoco di fronte e di fianco quando attaccammo ci distrussero senza alcuna possibilità di sfondamento, e i nostri uomini di Atholl hanno perso più di metà dei loro ufficiali ed uomini. Vorrei che il signor O'Sulivan non fosse mai andato oltre nell'esercito dell'occuparsi della sussistenza, che mi dicono sia l'unica cosa che capisca e di cui si sappia occupare. Non l'ho mai visto in azione né a Gladsmoir, né a Falkirk, né nell'ultima: e i suoi ordini furono completamente confusi.

La mancanza di rifornimenti fu un'altra disgrazia che ebbe le più fatali conseguenze. Il signor Hay, cui V.A.R. Si fidava e che aveva il compito di procurare provviste, e senza i cui ordini non veniva consegnato né un pezzo di carne né una razione di frumento, ha servito straordinariamente male V.A.R., quando gli parlai, egli mi diceva: la cosa è ordinata, sarà fatto, etc.; ma egli ha trascurato il proprio dovere ad un punto tale che la nostra rovina probabilmente non sarebbe avvenuta se avesse fatto il suo dovere: in breve, negli ultimi tre giorni che furono così critici il nostro esercito ha fatto la fame.

Questa fu la ragione che ha fatto abortire la nostra marcia notturna quando avremmo forse potuto sorprendere e sconfiggere il nemico a Nairn, ma per mancanza di provviste un terzo dell'esercito era sparpagliato a Inverness e quelli che marciavano non avevano le forze per farlo velocemente quanto era necessario per mancanza di cibo.

Il giorno seguente, che fu il giorno fatale, se avessimo avuto razioni al completo, avremmo potuto guadare il torrente di Nairn e schierarci a nostro vantaggio, spingendo il nemico a muovere all'attacco, nel qual caso gli avremmo fatto quello che disgraziatamente ha fatto a noi.

In breve, il sig. O'Sulivan e il sig. Hay si sono resi odiosi a tutto il nostro esercito e lo hanno disgustato, al punto che avrebbero provocato un ammutinamento in tutti i gradi, e si sarebbero rivolti a V.A.R. Con i le loro lagnanze perchè Vi ponesse rimedio. Da parte mia non ho mai avuto discussioni con nessuno di loro, ma li ho sempre ritenuti incapaci e inadatti a servire nei ruoli in cui erano stati posti.

▶ John Drummond (1714-1747), 4° Duca di Perth, era un nobile scozzese e fervente giacobita.
Creò il reggimento reale scozzese, che fu poi inviato nel dicembre 1745 insieme ad altri rinforzi Scozia per sostenere la rivolta giacobita del 1745.

V.A.R. Sa come io abbia sempre detto di non aver intenzione di servire per sempre nell'esercito; in passato avrei voluto dimettermi quando tornai da Atholl, ma tutti i miei amici mi dissuasero dicendomi che sarebbe stato di pregiudizio alla causa in un momento tanto critico. Spero che V.A.R. voglia ora accettare le mie dimissioni. Spero vogliate onorarmi con qualunque ordine abbiate per me in qualsiasi altra circostanza. Sono, con grande devozione,

Sig. di Vostra A.R devotissimo e umile servitore,
George Murray.
Ruthven, 17 aprile 1746[6]..

La lettera e i suoi toni provocarono un astio da parte del Giovane Pretendente nei confronti del suo generale migliore che neppure il tempo sarebbe servito a placare: quando a dicembre Murray riuscì a fuggire dalla Scozia si recò a Roma, capitale dei giacobiti in esilio, dove risiedeva Giacomo III Stuart, venendo ricevuto a Palazzo Muti Papazzurri con ogni riguardo dall'Old Pretender, il quale lo premiò concedendogli un vitalizio in cambio dei servizi resi alla sua Casata; ma quando l'anno successivo lord Murray si recò a Parigi e chiese di essere ricevuto da Carlo Edoardo, questi rifiutò di incontrarlo, malgrado il Vecchio Pretendente avesse scritto una lettera al suo dearest Carluccio il 2 maggio 1747 invitandolo a ricevere Murray:

...And I hope you wont o yourself the wrong, nor non give me Mortification as not give him a good reception[7]
Anzi, Carlo fece invitare lord Murray a lasciare immediatamente Parigi; né i due si sarebbero più rivisti. A loro volta i clan delle Highlands presero la via del nord, evitando Inverness ormai occupata dai britannici, e di là, seguendo il Loch Ness e il Great Glen verso Fort Augustus, dove si unirono ad un battaglione di MacGregors ed ai MacDonalds di laird Barisdale; erano duemila uomini, ancora in grado di creare grossi problemi agli inglesi, ma anche gli Highlanders, che speravano in una ripresa dei combattimenti, ricevettero l'ordine di sciogliersi: ed il 18 aprile l'esercito giacobita era disciolto.
I reparti del re di Francia, a tamburo battente, bandiere in testa e i fucili portati sotto il braccio con il calcio in avanti in segno di resa, sfilarono per Inverness dove si arresero il 19 aprile[8], secondo i termini della capitolazione firmata dopo la battaglia, venendo trattati come prigionieri di guerra; gli ufficiali avevano già firmato la seguente dichiarazione:

Inverness, 17 aprile 1746
Noi sottoscritti, al servizio della Maestà Cristianissima, ci riconosciamo prigionieri di guerra di Sua Maestà Britannica; e ci impegniamo, sotto la nostra parola d'onore, a non lasciare la città di Inverness senza il permesso di Sua Altezza Reale il Duca di Cumberland. A riprova, abbiamo firmato questa [dichiarazione] e apposti i sigilli con i nostri stemmi. Dato nel quartier generale di Inverness, il 17 di Aprile, 1746.
Dei Piquets Irlandaises si salvarono tutti i superstiti, tranne tre disertori inglesi che vennero impiccati per tradimento; il Royal Ecossois ebbe un trattamento ben diverso: il I battaglione, formato da scozzesi già al servizio del re di Francia venne trattato secondo le leggi di guerra, il II, arruolato in Scozia durante la ribellione, vide i propri soldati venir massacrati o deportati nelle colonie come avvenuto con i giacobiti. Va detto che Cumberland avrebbe potuto far impiccare tutti i soldati al servizio di Luigi XV per tradimento, in quanto un atto del parlamento vietava l'arruolamento di sudditi britannici al servizio di sovrani stranieri; tuttavia preferì trattarli secondo le convenzioni dell'epoca, e, dopo esser stati imprigionati sui pontoni-galere sul Tamigi, i superstiti di Culloden vennero infine scambiati nel 1747 con prigionieri inglesi e rimpatriati in Francia, con l'impegno di non combattere più per un anno contro la corona britannica.
Il resto dell'esercito giacobita si sciolse come neve al sole, chi tentando di raggiungere le proprie case, chi tentando di fuggire all'estero, in Francia ed in Spagna, chi sperando di nascondersi sulle montagne.

6   W. Biggar Blaikie, *Itinerary of Prince Charles Edward Stuart, from his Landing in Scotland July 1745 to his Departure in September, 1746*, Edinburgh 1897, pp..52-53
7   Lettera di Giacomo III data Roma 7 maggio 1747, rip. in Biggar Blaikie, *Itinerary of Charles Edward Stuart*, cit., p.54.
8   *La resa formale dei francesi avvenne solo il 19 perché si aspettò che giungesse a Inverness anche il I battaglione del Royal Ecossois, proveniente da Ruthven, dove era ripiegato dopo la battaglia; il II battaglione era stato catturato a Inverness dalla cavalleria britannica il 16 aprile.*

Alcuni ufficiali, tra cui lord Lochiel del clan Cameron, ferito a Culloden, raggiunsero Loch nan Uahmh, dove Carlo era sbarcato agli inizi della campagna nell'agosto del 1745; qui, il 30 aprile, vennero raggiunti da due fregate della Marine Royale, dai nomi guerreschi e altisonanti di Mars e Bellone.

Il primo maggio le navi francesi vennero avvistate ed attaccate da tre sloop inglesi, il Terror, il Greyhound ed il Baltimore, in quella che fu l'ultima vera battaglia della campagna, durata sei ore, mentre i giacobiti mettevano in salvo il carico, che comprendeva insieme a vettovaglie ed armi anche 35.000 ghinee d'oro inviate per supportare la causa giacobita. Vedendo che i francesi non li avevano abbandonati, i capi giacobiti decisero di prolungare la propria resistenza. Una settimana dopo, l'otto maggio, lord Lochiel, Lochgarry, Clanranald e Barisdale si incontrarono a Murlagan (gaelico Mhurlaigan), sulla costa nord del Loch Arlaig, decidendo di radunarsi a Invermallie il 18 del mese con ciò che rimaneva dei MacDonald di Keppoch e con il reggimento di Cluny McPherson, che non aveva partecipato alla battaglia di Culloden ed era ancora intatto.

Tuttavia le cose andarono diversamente, perché William Augustus, dopo un mese di inattività in cui aveva fatto riposare e integrato le truppe con nuovi complementi, avanzò lungo il Great Glen nelle Higlands, ed il 17 maggio tre battaglioni di fanteria britannica, appoggiati da otto Highland Independent Companies riconquistarono Fort Augustus, all'estremità occidentale del Loch Ness, ed anche i McPherson si arresero nello stesso giorno.

Il giorno dopo, con immensa delusione di Lochiel, Clanranald non si presentò, e Barisdale e Lochgarry erano riusciti a radunare solo trecento clansmen, che immediatamente si dispersero in cerca di vettovaglie; il giorno successivo Lochiel venne avvisato che un corpo di Highlanders era in avvicinamento. Felice, lord Lochiel si accinse ad accogliere i MacDonald di Barisdale, quando si accorse, dalle croci rosse sui berretti, che si trattava delle compagnie del reggimento Loudon, fedele a Giorgio II.

I Camerons di Lochiel si dispersero immediatamente senza sparare un colpo.

La rivolta era finita; iniziava la repressione, una repressione dalla quale le Highlands non si sarebbero mai più riprese completamente.

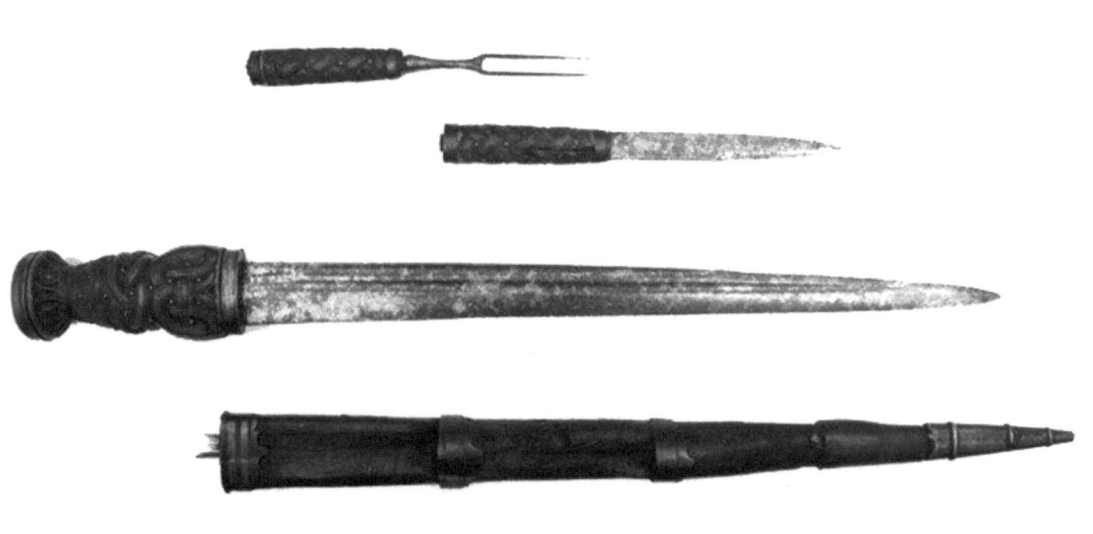

▲ Bandiera del reggimento Barrell usata a Culloden.

◄ Dirk e posate appartenuti a lord Balmerino.

BILLY THE BUTCHER LA REPRESSIONE

Till Charlie Stuart cam' at last,
Sae far to set us free;
My Donald's arm was wanted then
For Scotland and for me.

Their waefu' fate what need I tell?
Right to the wrang did yield:
My Donald and his country fell
Upon Culloden field.

Och on, O Donald O!
Och on, och on, och rie!
Nae woman in the world wide
Sae wretched now as me.

(Robert Burns, The Highland Widow' Lament, 1794)

Chi percorra i paesini dell'Invernesshire noterà certo il gran numero di monumenti ai caduti presenti in ogni villaggio o cittadina, e commemorano i morti dalle guerre vittoriane alla Seconda Guerra Mondiale. Qui vengono arruolati i reparti di Highlanders, oggi raggruppati nel Royal Regiment of Scotland, reparti dai nomi entrati nella storia militare non solo britannica: dal più antico, il Gallant Forty Twa ossia The Black Watch, Argyll and Sutherlands, i Cameron Higlanders, solo per citarne alcuni. Furono i reggimenti britannici che subirono le maggiori perdite, dalla Crimea alle guerre boere, sino ai carnai della Grande Guerra in Piccardia, a Loos, sulla Somme e nelle Fiandre, e poi ad Alamein e in Normandia.
Eppure ancor oggi per gli scozzesi il simbolo stesso degli orrori della guerra rimane il bloody Forty Six. Neppure i massacri del 1914- 18, che costarono la vita ad innumerevoli migliaia di Jocks hanno avuto lo stesso impatto nella memoria collettiva degli scozzesi di quanto avvenne a Culloden Moor e nei giorni successivi, a dispetto del fatto che le perdite sul campo dei due eserciti non possono essere neppure lontanamente paragonate a quelle di una giornata sulla Somme nel 1916.
Il motivo di questo ricordo così persistente non va cercato nella battaglia stessa, ma nel comportamento tenuto dalle truppe britanniche del duca di Cumberland dopo la battaglia; il duca, sino a quel giorno soprannominato Sweet Billy divenne da allora e per sempre famoso col nomignolo di The Butcher; e malgrado le capacità dimostrate nella Guerra dei Sette Anni Cumberland non recuperò mai più la popolarità persa con le repressioni e le violenze da lui ordinate nel 1746, e la memoria degli eccidi gli negò il posto cui avrebbe avuto diritto negli annali militari britannici.

C'è l'idea, un'idea errata, ma diffusa, che vorrebbe la guerra del principe Carlo Edoardo Stuart come una sorta di campagna per liberare la Scozia dal giogo inglese. Non è così.
Fu una guerra civile, che mirava alla restaurazione degli Stuart sul trono di Londra prima che su quello di Edimburgo, ed il piano originale, frustrato dalla distruzione della flotta francese in una tempesta al largo di Brest nel marzo del 1744, prevedeva lo sbarco di Carlo Edoardo e dell'esercito guidato dal maresciallo de Saxe all'estuario del Tamigi; ma l'abbandono dei piani francesi di invasione dell'Inghilterra avevano mutato i piani di Carlo, ponendo, per ripiego, la Scozia in una posizione centrale.
E se nell'esercito di Cumberland c'erano più scozzesi delle Highlands che in quello giacobita, Carlo aveva con sé anche inglesi del reggimento Manchester e irlandesi, nei quali riponeva molta più fiducia che negli scozzesi stessi.
Le vittorie riportate dai giacobiti a Prestonpans e a soprattutto a Falkirk contro Hawell, che si vendicherà ferocemente dopo Culloden, e soprattutto l'invasione dell'Inghilterra- durante la quale i giacobiti non

▲ *Caccia ai ribelli dopo la battaglia.*

▶ *La Bandiera del Regiment d'Infanterie Dillon, Brigade Irlandaise, presente a Culloden*

saccheggiarono né devastarono- i caduti ed i feriti britannici ad opera dei barbari Highlanders, l'odio verso il cattolicesimo praticato da Carlo e da parecchi, anche se la maggioranza dei giacobiti era protestante, avevano però esacerbato la volontà di vendicarsi da parte dei comandanti e di soldati britannici. E sarebbe stata una vendetta sanguinosa.

Molte delle storie sulle atrocità commesse dalle truppe britanniche (inglesi e scozzesi) dopo la battaglia sono state sicuramente esagerate non solo nelle narrazioni contemporanee, ma anche e soprattutto negli anni seguenti e sino ai giorni nostri, in chiave antibritannica e nazionalista scozzese.
Tuttavia esistono numerose testimonianze che senza raggiungere gli eccessi propagandistici suddetti, mostrano come gli inglesi e gli scozzesi lealisti abbiano compiuto veramente un gran numero di atrocità. Ne abbiamo accennato, ma ci pare opportuno approfondire l'argomento. Ed in effetti tutte le testimonianze portano a credere che l'odio dei soldati britannici si diresse non solo verso i giacobiti, quanto contro i civili highlanders.
Quello che avvenne a Inverness dopo l'ingresso delle truppe di Cumberland è ben riassunto nel libro edoardiano curato da Spenser Wilkinson, e che già nel titolo (British Soldiers Heroes) costituisce un'esaltazione dell'esercito britannico: sono parole dunque ancor più degne di nota, dato il contesto in cui vennero scritte.
..Seguì un macello a sangue freddo di prigionieri feriti e uno spiacevolissimo trattamento delle donne, che

vennero condotte nude nella neve per farle morire[1].

Il vescovo (protestante, non cattolico!) Robert Forbes, ad esempio, raccolse molte testimonianze in proposito[2]; nel 1748 ricevette il memoriale di un certo Francis Stewart, figlio del baile John Stewart, di Inverness, all'epoca diciannovenne. Merita di essere citato, anche perché fornisce una vivida idea del clima vissuto ad Inverness di quei giorni dell'aprile 1746:

E' un fatto innegabile, e conosciuto pressoché da ciascuno, che fino Venerdì, 18 di aprile, che fu il 2do giorno dopo la Battaglia una pattuglia venne regolarmente distaccata per mettere a morte tutti i feriti che fossero stati trovati nel campo di battaglia o nelle vicinanze. Che i suddetti uomini venissero messi a morte è anche innegabile, perché testimoniato da persone attendibili che furono testimoni oculari di questa scena veramente vergognosa e sanguinaria.
Mi fu personalmente raccontato da William Rose, che allora era fattore del mio Presidente, che 12 feriti furono portati fuori da casa sua e fucilati in un fosso, che è vicinissimo al luogo dell'azione. La moglie di William Rose raccontò questo fatto a persone affidabili, dalle quali ricevetti ulteriori particolari.
Raccontò che la pattuglia arrivò a casa sua, e ordinò ai feriti di uscire, che li avrebbero condotti dai chirurghi per curare le loro ferite. Allora, disse, i poveretti, che erano ridotti uno stato tale che non credeva sarebbero riusciti ad alzarsi, fecero uno sforzo per tirarsi su, e seguirono la pattuglia con un'espressione sul volto piena di contentezza e di gioia, pensando che le loro ferite sarebbero state medicate.
Ma, disse, appena la pattuglia li ebbe condotti lungo il fosso già menzionato, chè è a pochissima distanza dalla casa, udì lo sparo di diversi fucili, e quando uscì per vedere cosa fosse successo, vide morti tutti quelli fatti uscire dalla casa con la scusa di portarli dai chirurgi,

Altre testimonianze riguardano il reparto al comando del colonnello Cockeen, inviato a prelevare una certa lady McIntosh, detenuta nella propria casa di Moy. Il colonnello affermò che era impossibile trattenere la barbarie del mio reparto che non aveva pietà né del sesso né dell'età. Lady McIntosh contò almeno quattordici cadaveri di uomini, donne e bambini uccisi a colpi di baionetta e di sciabola sulla strada tra Moy ed Inverness, e ricordò l'eccidio di diciotto giacobiti feriti bruciati vivi, fatto confermato da una certa signora Taylor di Inverness, la moglie di un carpentiere che era andata a cercare il corpo del cognato assassinato, e che aveva visto il rogo. Si tratta probabilmente del rogo dell'ovile di Leanach, anche se altre fonti parlano di trenta giacobiti arsi vivi e non di diciotto.

Ancora Stewart ricorda l'onestissimo anziano gentiluomo di nome McLeod inseguito da due cavalleggeri dalle vicinanze di Culloden sino ad una collina presso Inverness. Quando non fu più in grado di correre, l'anziano gentiluomo si gettò in ginoccio e a mani giunte implorò che non gli facessero del male; gli

---

[1] *Then followed a cold-blooded butchery of wounded prisoners and most disgraceful treatment of women, who were turned out naked on the snow to die. (ibid.)* Wilkinson sottolinea come *Wolfe refused to take any part in these barbarities.*
[2] R. Chambers (cur.) *Jacobites Memoirs of the Rebellion of 1745. Edited from the Manuscripts of the late rev. Robert Forbes, A.M., Bishop of the Scottish Episcopal Church*, London 1834, nel capitolo "Barbarities after the battle of Culloden", pp. 231-346.

spararono in testa.
E riporta altri crimini gratuiti commessi dai soldati di Cumberland:

Un poveruomo cui venne sparato sulla porta di una certa vedova McLean che vive in Bridge Street

E ancora:

Un mostruoso crimine commesso nella casa di una certa vedova Davidson nel pomeriggio dopo l'azione. Un gentiluomo, ammalatosi in città, prese in affitto una camera in casa sua, essendo un posto tranquillo. Il giorno dell'azione era in preda ad una violenta febbre, e incapace di fuggire quando gli venne annunciato che il Principe ed il suo esercito erano stati sconfitti. Diversi soldati arrivarono nel pomeriggio da questa vedova Davidson, e la serva disse loro che c'era un ribelle in cima alle scal, e loro vi salirono immediatamente, si precipitarono nella stanza dove giaceva il disgraziato gentiluomo, e gli tagliarono la gola da orecchio ad orecchio. Ciò mi fu raccontato da una donna onesta, vicina di Mrs Davidson e che entrò nella stanza e vide il gentiluomo con la gola tagliata.

Stewart prosegue descrivendo lo stato dei prigionieri, nelle prigioni cittadine, *così mostruoso che sono certo che nelle storie vi sono pochi paralleli, o nessuno.*
Ogni prigioniero riceveva mezzo pound (ca 220 grammi) di cibo al giorno, ma niente acqua.

Io stesso mi recai spesso alle prigioni in quei tristi giorni, quando udivo i prigionieri gridare nella maniera più pietosa per avere acqua. Molti morirono nella peggiore delle agonie per le loro ferite che non vennero mai fasciate, né curate.

Il reverendo James Hay, scrivendo al vescovo Forbes nel maggio 1749 riporta un elenco di atrocità, compreso un dragone *che inseguì due contadini in una casa e li colpì a morte con la sua spada. La fantesca udì le loro lamentevoli grida, e quando [il dragone] uscì era tutto coperto di sangue. Poveretti! Erano senza armi!*

Anche Hay descrive il trattamento riservato ai prigionieri, che venivano spogliati appena presi, senza riguardo *al grido dei feriti, al rantolo dei morenti. Non fu permesso ad alcun chirurgo di fornire adeguata assistenza per curarli ed assisterli (...) venne dichiarato criminale e assai pericoloso dare loro qualsiasi cosa, anche l'acqua,*

Anna McKaye , che divenne nota come the prisoners' nurse, la quale contravvenne apertamente a questi divieti, assistendo e aiutando i prigionieri feriti, quando uno di loro riuscì a fuggire, fu arrestata venne rinchiusa con l'ordine di farla restare in piedi, giorno e notte, senza potersi sedere o sdraiare, condizione nella quale rimase tre giorni e tre notti.
Il memoriale continua con molte altre atrocità, come quelle compiute su Eavan McKay, arrestato mentre portava lettere scritte in francese a Inverness, e che non volle dire né chi le avesse scritte né chi fosse il destinatario: venne legato ad un palo e ricevette cinquecento frustate; essendosi rifiutato ancora di parlare ne ricevette altre cinquecento la mattina dopo, morendone. Dopo la sua morte il corpo venne trapassato con le baionette per divertimento, anche se la giustificazione fu che era stato fatto per vedere se McKay fosse morto davvero, e gettato in un fosso.
3.470 simpatizzanti giacobiti vennero rinchiusi nella Torre di Londra, alcuni solo per aver brindato alla salute del Bonnie Prince Charlie. Il 29 maggio il conte di Kilmarnock, Lord Balmerino e il conte di Cromarty vennero incarcerati nella Torre, e condannati a morte. Il 18 agosto Kilmarnock e Balmerino vennero decapitati pubblicamente a Tower Hill. Altri giacobiti furono impiccati e squartati, 936 scozzesi vennero deportati nelle colonie d'America e delle Indie Occidentali per esservi venduti schiavi. Il Parlamento emanò i decreti noti come Disarming Acts, tesi a distruggere le tradizioni scozzesi: vennero

vietati i vestiti in tartan[3], le armi tradizionali come i dirk e le claymore, e le cornamuse: bastava indossare un plaid per essere condannati a sei mesi di carcere, e, in caso di recidivia alla deportazione nelle colonie per lavori forzati nelle piantagioni; solo i militari al servizio del Re avevano il diritto di indossare philabeg e tartan. Moltissimi giacobiti infine scelsero o furono obbligati ad arruolarsi nei reggimenti di Highlanders, formando la punta di lancia degli eserciti di Sua Maestà. Nella Guerra dei Sette Anni, in India contro i Moghul, nelle guerre Franco- Indiane, ed infine durante la Rivoluzione Americana, tradizione seguita dai loro discendenti sino ad oggi. Vennero emanate altre disposizioni miranti a distruggere il sistema dei clan, riducendone i capi a semplici proprietari terrieri, con autorità su terre sempre più spopolate dalle Highlands Clearences, gli sgomberi: le terre vennero spopolate per far posto a greggi di pecore e di mucche; intere comunità vennero distrutte con il carcere e le deportazioni. In pochi anni le crofts, le tradizionali unità familiari in cui era divisa la terra nelle Highlands, furono espropriate per legge o con la forza, e i crofters vennero costretti a lasciare la propria terra, ed a emigrare in un processo di spopolamento che durò per tutto il XIX secolo, testimoniato oggi da milioni di canadesi, statunitensi e australiani dal cognome scozzese e da decine di spettrali villaggi abbandonati nelle brughiere, soprattutto delle Ebridi interne e nelle terre del duca di Sutherland, ferocemente antigiacobita.

In pochi anni tradizioni millenarie scomparvero per sempre, salvo venir reinventate spesso con scarsa fedeltà al principio del XIX secolo, ma che ancor oggi tutti associano alla Scozia: si pensi all'invenzione del kilt come costume nazionale o dell'associazione tra i tartan ed i clan, concetto ignoto nel XVIII secolo, o la creazione ex nihilo di una tradizione epica che affondava le (false) radici nelle nebbie della Scozia celtica con i Canti di Ossian composti da James Macpherson, spacciati per antichissimi, che pure avranno ardenti lettori in Goethe, Foscolo e Napoleone[4].

Culloden non segnò solo la conclusione della ribellione del 1745-1746 e della minaccia giacobita, ma anche la fine forzata del modo di vita tipico delle Highland scozzesi e delle loro migliaia di abitanti. Dopo Cùil Lodair in Scozia nulla sarebbe stato come prima.

---

3 *Abolizione e Proibizione del Costume delle Highlands. A partire ed a seguire dal primo giorno di Agosto Mille, settecento e quarantasei nessun uomo o ragazzo in questa parte di Britannia chiamata Scozia, che non appartenga alle Forze di Sua Maestà potrà indossere o vestire, con qualsiasi pretesto, gli abiti comunemente chiamati abiti delle Highland ossia a dire il Plaid, Philabeg, o piccolo Kilt, Pantaloni, bandoliera o qualsiasi capo peculiare della moda delle Highlands e nessun tartan o plaid parzialmente colorato o tessuto potrà esser usato per Cappotti o Giacche, e se qualsiasi persona, dopo il detto primo giorno di Agosto, si azzardi a indossare e vestire il suddetto abbigliamento, o ogni parte di esso, sia condannato... la prima infrazione ad essere imprigionato per 6 mesi, e alla seconda infrazione ad essere deportato in una delle piantagioni di Sua Maestà oltre i mari, e a restarvi per lo spazio di sette anni* (cit. in S. Reid, Scottish National Dress and Tartan, Oxford 2013, pp. 14-15)

4 Hugh Trevor- Roper, The Invention of Scotland. Myth and History, New Haven- London 2009: Id., "The Invention of Kilt", in E. Hobsbawm, T. Ranger, The Invention of Tradition, Cambridge 1983

▲ Arresto di un ribelle dopo la battaglia di Culloden.

▼ L'esecuzione dei lord Lovat, Balmerino, Cromartie, Kilmarnok, tutti nobili scozzesi d'alto rango che vennero condotti a Londra e sottoposti ad un processo sommario. Furono tutti decapitati il 18 agosto 1746 a Tower Hill. Al Conte di Cromartie, invece, la pena venne commutata con la confisca della dignità di pari.

WILL YE NO COME BACK AGAIN?
BONNIE PRINCE CHARLIE DOPO CULLODEN

> *Speed, bonnie boat, like a bird on the wing,*
> *Onward! the sailors cry;*
> *Carry the lad that's born to be King*
> *Over the sea to Skye.*
> (The Skye Boat)

Da Faillie lungo il Great Glen Carlo ed il suo seguito raggiunsero il 18 aprile Fort Augustus, e da qui proseguirono verso la costa occidentale scozzese, che raggiunsero il 20 aprile a Arisaig; dopo qualche giorno, congedatosi dai suoi seguaci Carlo salpò per l'isola di Benbecula, nell'arcipelago delle Ebridi esterne; di qui raggiunse Scalpay, al largo della costa orientale di Harris, e di qui Stornoway. Da allora rimase costantemente in movimento, con la sosta più lunga di tre settimane a Corradale, su South Uist; ma il 13 giugno si trovò a meno due miglia dai soldati inglesi, e dovette salpare da loch Boisdale.
Per cinque mesi il Principe vagò con un seguito minuscolo per le Ebridi, inseguito costantemente dalle truppe hannoveriane, e sotto la spada di Damocle di una taglia di trentamila ghinee, che faceva certo gola ai lairds locali: eppure nessuno lo tradì mai, con la sola eccezione di Alexander MacDonald.

A queste peregrinazioni è legata la figura, i cui legami con il Bonnie Prince Charlie sono sfumati spesso nella leggenda, di Flora MacDonald, una ragazza ventiquattrenne dell'isola di Benbecula.
Uno dei seguaci del Principe, il capitano irlandese Conn O'Neil implorò Flora, che aveva conosciuto Carlo a South Uist, di aiutare il Principe a sfuggire alle milizie locali filohannoveriane; dapprima molto esitante, alla fine la ragazza accettò: come ebbe a dichiarare in seguito al Duca di Cumberland, lo fece solo per carità cristiana, e sarebbe stata pronta ad aiutare allo stesso modo anche il duca, se fosse stato in pericolo. Approfittando della parentela con il capo delle milizie locali, Hugh MacDonald, suo padrino, Flora riuscì ad ottenere un permesso per raggiungere la terraferma, per lei, per la sua cameriera irlandese Betty Burke, e per sei uomini di equipaggio.
Sotto la veste azzurra di Betty Burke c'era in realtà il principe Carlo Edoardo Stuart.
La barca salpò da Benbecula il 27 giugno, raggiunse l'isola di Skye, giusto in tempo per evitare che sir Alexander MacDonald denunciasse la presenza del Principe per ottenere la taglia, e, dopo che la barca era stata respinta a Waternish, il Principe e Flora sbarcarono finalmente a Kilbride, a poca distanza da Monkstadt, dove risiedeva sir Alexander MacDonald, di simpatie giacobite. Mentre Carlo aspettava nascosto tra gli scogli, la coraggiosa Flora raggiunse Monkstadt in cerca d'aiuto. Carlo venne trasferito a Portee, sempre sull'isola di Skye, e di qui, il 1 luglio, a Glam sull'isola di Raasay, da dove raggiunse la Scozia continentale, dove si spostò continuamente per evitare la cattura.
Il 1° luglio Carlo e Flora si lasciarono: secondo la leggenda, che inventò una storia d'amore mai avvenuta tra i due giovani, il Giovane Pretendente le donò un medaglione con una sua miniatura, con la promessa che si sarebbero rivisti un giorno e lei lo salutò danzando sulla spiaggia quella che sarebbe poi diventata una famosa ballata scozzese (la Flora McDonald's Fancy).
Per Flora le cose si misero male per le chiacchiere dei marinai che avevano trasportato lei e Carlo a Skye; arrestata per tradimento venne incarcerata nella Torre di Londra, ma dopo un breve periodo le venne permesso di vivere fuori dalla prigione, sotto la sorveglianza di un secondino; infine, grazie all'Act of Indemnity del 1747 venne definitivamente liberata.
Finalmente il 19 settembre Carlo ed il suo seguito raggiunsero nuovamente Borrodale, dove li attendevano due piccoli vascelli francesi, che li portarono verso l'esilio.

Il 30 settembre Carlo sbarcò a Roscoff.
Carlo sarebbe tornato due volte in Inghilterra, nel 1750 e nel 1753, studiando come scatenare un'altra rivolta giacobita, soggiornando a Londra, a quanto pare senza passare inosservato alla polizia di Giorgio II[1]; ma la Francia, che lo aveva costretto ad abbandonare Parigi a seguito del trattato di Aix la Chapelle del 1748, con il quale il regno di Francia riconosceva i diritti della casa di Hannover sul trono Britannico, non lo appoggiò, tanto che quando scoppiò la Guerra dei Sette Anni non venne fatto nessun tentativo di insurrezione, perché i francesi consideravano ormai Carlo null'altro che un esaltato, come vedremo.
Infuriato col re di Francia e col papa perché non ne appoggiavano le pretese dinastiche, Carlo a Londra si convertì al protestantesimo- cosa che, se fatta nel 1745 gli avrebbe probabilmente guadagnato la corona britannica- e giunse al punto di licenziare tutti i servitori cattolici e a non voler far battezzare la figlia Carlotta avuta da Clementina Walkinshaw, con la quale aveva cominciata una relazione nel 1745 in Scozia. Sempre più depresso, Carlo cominciò a darsi al bere, un passatempo che a detta dei testimoni aveva praticato anche nel 1745- 1746 bevendo quantità incredibili, che non ritenevo possibili per un essere umano- la definizione è del capitano O'Neil, che lo accompagnò durante la fuga nelle Ebridi- di brandy, e divenne violento con la povera Walkinshaw. Tornato in Italia dopo la morte del padre, si riconvertì al cattolicesimo- grazie al fratello minore Enrico duca di York, che dopo una breve parentesi militare aveva preso i voti, divenendo vescovo di Frascati e cardinale- e qui venne riconosciuto dai fuoriusciti giacobiti come il re Carlo III d'Inghilterra e di Scozia, ma né il papa, che pure lo ospitava a palazzo Muti Papazurri, né nessun'altra corte che aveva riconosciuto il padre lo riconobbero come legittimo sovrano, ufficialmente per la temporanea abiura del cattolicesimo, in realtà per non inimicarsi la Gran Bretagna.
Allo scoppio della Guerra dei Sette Anni i francesi pensarono di giocare di nuovo la carta giacobita, in appoggio ad un'invasione dell'Inghilterra da parte di centomila soldati francesi; ma quando nel 1759 il duca di Choiseul, ministro degli esteri di Luigi XV, incontrò Carlo Edoardo ne rimase talmente deluso da rinunciare all'appoggio giacobita; del resto l'idea stessa dell'invasione fu abbandonata per la sconfitta

---

[1] *Sembra che Giorgio II, informato della presenza del Principe a Londra, avesse risposto al primo ministro lord Henry Pelham che chiedeva come ci si dovesse comportare verso Carlo, e se lo si dovesse arrestare: Lasciatelo tranquillo; se ne andrà quando si sarà stufato dell'Inghilterra.*

▶ *Giorgio II Augusto di Hannover (Hannover, 10 novembre 1683 – Londra, 25 ottobre 1760) fu re di Gran Bretagna e di Irlanda, Duca di Brunswick-Lüneburg (l'Elettorato di Hannover), Arcitesoriere e Principe elettore del Sacro Romano Impero dall'11 giugno 1727 fino alla morte. Fu Duca di Cambridge e Principe del Galles prima della sua ascesa al trono britannico. Fu il secondo re del Casato di Hannover e l'ultimo monarca inglese a condurre personalmente le sue truppe in battaglia (Dettingen). Sposò la principessa tedesca Carolina di Brandeburgo-Ansbach.*

◀ *Il principe Carlo in groppa al cavallo alla guida dei suoi highlander, immagine oleografica ottocentesca.*

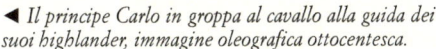

subita dalla flotta francese a Quiberon. Per Choiseul lo Stuart non era altro che un inconcludente fanfarone.

Nel 1772 a Macerata sposò la principessa Amalia di Stolberg-Gedern, di trent'anni più giovane di lui, e all'inizio la relazione fu felice.

La coppia, sotto il titolo di duchi di Albany- un gioco di parole tra il ducato di Albany, ossia la Scozia, ed Albano, la cittadina dei Castelli dove Carlo preferiva risiedere- si trasferì a Firenze, prima a palazzo Corsini sul Prato, e poi a palazzo San Clemente, che divenne noto come Palazzo del Pretendente.

Ma le differenze di età cominciarono a farsi sentire, e alle frequentazioni alquanto libere della moglie Carlo rispondeva alzando le mani e bevendo, finché lei non scappò con Vittorio Alfieri, il quale, desideroso di presentare lo Stuart nella peggior luce possibile per giustificare la propria condotta adulterina, nella sua Vita scritta da esso, pubblicata nel 1806, lo descrisse come

Irragionevole e sempre ubriaco padrone, querulo, sragionevole e sempre ebro marito.

Nel 1783 Carlo riconobbe e legittimò la figlia Carlotta, dandole il titolo di duchessa d'Albany.
Malinconica è la descrizione del Principe fatta da Goethe nel suo Italienische Reise quando, descrivendo il carnevale romano del 1788, pochi giorni prima della morte di Carlo, ricorda come Via del Corso fosse divisa in due corsie, una per senso di marcia, salvo un particolare privilegio:
Gli ambasciatori hanno il diritto di andare su e giù tra le due file; lo stesso privilegio era concesso al Pretendente, che dimorava a Roma sotto il nome di Duca di Albania (sic per Albany)[2].
Poco oltre Goethe, ricorda come, nel corso del Carnevale, il Principe si avvalesse del privilegio
Il Duca di Albania invece percorreva la stessa via ogni giorno, con gran disagio del pubblico, per richiamare alla mente dell'antica Sovrana dei re, in quel periodo di mascherata universale, la commedia carnevalesca delle sue pretese regali[3].
Il 30 gennaio del 1788 quello che era stato the Young Chevalier, Bonnie Prince Charlie, morì a Roma, nel palazzo Muti dove era nato il 31 dicembre del 1728.

---

2   W. Goethe, *Italienische Reise* (tr.it. Milano 1991, p.499).
3   *Ibid.*, p.511.

Venne sepolto, abbigliato nel manto di ermellino e la corona reale, nella cattedrale di San Pietro a Frascati, cittadina di cui il fratello, il cardinale Edoardo duca di York, era vescovo.

Quando morì il cardinale di York, ultimo membro della casa Stuart pretendente al trono di Inghilterra, Irlanda e Scozia, nel 1807[4], il corpo di questi e quello di Carlo vennero traslati nelle Grotte Vaticane[5], sepolti insieme al corpo del Vecchio Pretendente in un sarcofago sormontato dalla corona britannica in bronzo, e nella basilica di San Pietro venne eretto lo splendido monumento opera di Antonio Canova con lo stemma reale britannico, i busti di Giacomo III, di Carlo e di Edoardo duca di York. L'iscrizione latina recita:

IACOBO III
IACOBI II MAGNAE BRIT. REGIS
FILIO
KAROLO EDOARDO
ET HENRICO DECANO PATRUM
CARDINALIUM
REGIS STIRPIS STUARDIS POSTREMIS

Ma il vero monumento a Carlo Edoardo non è a San Pietro, né a Glenfinnan, dove alzò lo stendardo reale, e dove sorge la sua statua su una torre alta diciotto metri, né quello equestre a Derby, che lo mostra come il condottiero vestito in tartan, ma è la brughiera di Cùil Lodair, dalla quale si allontanò

Leaving nothing behind him, nothing but a legend.

---

4 Enrico nominò proprio successore come Pretendente al trono britannico Carlo Emanuele IV di Savoia, re di Sardegna, il quale, essendo alleato della Gran Bretagna contro Napoleone si guardò bene dal rivendicare il titolo.
5 A Frascati rimane il cuore del Young Chevalier, in un'urna di bronzo, su cui si legge il seguente epitaffio in versi, opera dell'abate Felice, cappellano del cardinale di York: DI CARLO III FREDDO CINERE/ QUESTA BREV'URNA SERBA/ FIGLIO DEL TERZO GIACOMO/ SIGNOR D'INGHILTERRA/ FUOR DI REGNO PATRIO/ A LUI CHE TOMBA DIEDE?/ INFIDELTA' DI POPOLO,/INTEGRITA' DI FEDE.

IL CAMPO DI BATTAGLIA DI CULLODEN OGGI

Many's the lad fought on that day,
Well the Claymore could wield,
When the night came, silently lay
Dead on Culloden's field.

Burned are their homes, exile and death
Scatter the loyal men;
Yet ere the sword cool in the sheath
Charlie will come again.

(The Skie Boat Song)

La visita del campo di battaglia di Culloden è particolarmente interessante; le cure messe del National Trust of Scotland per rendere il luogo dell'ultima battaglia combattuta sul suolo britannico una meta interessante per il turismo tanto storico che familiare stupiranno certo un visitatore italiano, abituato alle scarse cure dedicate ai luoghi di interesse militare nel nostro paese, indice di un ben diverso approccio verso la propria storia e le proprie radici. A Culloden sia il comune turista che l'appassionato invece hanno la possibilità non solo di visitare i luoghi della battaglia, ma anche di assistere a dimostrazioni di living history con rievocatori in divise militari e costumi civili del 1746, ma anche di poter maneggiare e sparare con riproduzioni accurate di moschetti Brown Bess, di broadsword, etc. Oggi il campo di Culloden è stato giudicato il campo di battaglia più interessante da visitare al mondo dopo quello di Gettysburg.

La rinascita di Culloden Moor risale alla fine degli anni Settanta del XX secolo, quando il National Trust of Scotland iniziò a riportare il campo di battaglia nelle condizioni in cui si trovava nel 1746, dopo che era stato in parte trasformato in un vivaio dalla Forestry Commission, che aveva lasciata solo una piccola striscia di terreno aperto.

Ovviamente la topografia del luogo è mutata dal 16 aprile 1746, anche se non di molto: sono stati demoliti i muretti di pietre a secco che tanta importanza ebbero nella battaglia, ne sono stati eretti altri, e sono

► Anton Raphael Mengs, ritratto del cardinale Enrico Stuart duca di York, ultimo esponenete della Casa Stuart

◄ Il principe Carlo nel 1775. Carlo Edoardo Luigi Giovanni Casimiro Silvestro Maria Stuart, detto anche Giovane Pretendente o Bonnie Prince Charlie[2] (Roma, 31 dicembre 1720 – Roma, 31 gennaio 1788), fu il secondo pretendente giacobita ai troni di Inghilterra, Scozia, Francia e Irlanda (come Carlo III) dalla morte di suo padre nel 1766. Questa pretesa era in quanto figlio maggiore di Giacomo Francesco Edoardo Stuart, egli stesso figlio di Giacomo II e VII.

scomparse due costruzioni annesse al cottage di Old Leanach.

Il sito della battaglia si raggiunge facilmente da Inverness, da cui dista cinque miglia da Aberdeen (sei con la ferrovia) seguendo la A9 in direzione Perh; otto km dalla città si trova la B9006 che conduce direttamente alla piana di Culloden Moor, al parcheggio ed al centro visitatori.
L'edificio francamente brutto è stato inaugurato nel dicembre 2007, soppiantando quello risalente agli anni Ottanta; prima di questo esisteva un piccolo museo allestito all'interno dell'Old Leanach Cottage.
Il centro visitatori è dotato di un negozio di souvenir, piuttosto caro, di bar, ristorante etc.
L'ingresso costa (2016) Adulti £ 11, Anziani £ 8.50, Bambini £ 8.50, Famiglie £ 26. E' aperto tutto l'anno, tranne che nel periodo natalizio[1].
Il museo inizia con pannelli che danno informazioni sulla rivolta scozzese contro l'Atto di Unione con l'Inghilterra del 1707, quando la Scozia perse il proprio status di regno e vide abolito il proprio parlamento; dopo una serie di corridoi che illustrano multimedialmente con riproduzioni di quadri, stampe, uniformi, armi e ritratti gli inizi della guerra del 1745, con gli eventi che portarono alla battaglia; un corridoio fa rivivere la marcia notturna dell'esercito giacobita verso Nairn; una parete riproduce la prospettiva delle truppe di Carlo e l'altra dell'esercito britannico. Di qui si accede ad una sala, definita Immersion Theatre, dove un filmato (sconsigliato per talune scene ai ragazzi di meno di 14 anni) dà una visione a 360° degli scontri del 16 aprile, senza alcun commento o musica, con immagini estremamente realistiche ed anche piuttosto violente, senza una narrazione, allo scopo di far rivivere la confusione, la violenza e lo stordimento della battaglia.
La sala successiva espone le armi utilizzate nella battaglia e reperti rinvenuti sul campo di Culloden, illustrando le tattiche dei due eserciti, come le cariche dei giacobiti, con esposti claymores, dirk e scudi del XVIII secolo; nella sezione hannoveriana sono esposte una sciabola da dragone, una pistola a pietra focaia, un mortaio, moschetti Brown Bess e baionette; una grande mappa animata elettronicamente mostra gli schieramenti e i movimenti delle truppe.
Qui è anche possibile maneggiare la riproduzione delle varie armi, mentre filmati proiettati sui muri mostrano l'effetto del fuoco di moschetti e cannoni. Un ultimo corridoio, in cui vengono narrati multimedialmente gli avvenimenti posteriori alla battaglia, dalla repressione al destino di Carlo e del duca di Cumberland, alla distruzione delle crofts e del sistema sociale legato ai clan porta verso l'uscita. Da notare come l'approccio alla narrazione dei fatti ed alla descrizione dei protagonisti sia profondamente obbiettivo e storicamente aggiornato, senza alcuna indulgenza ai luoghi comuni; per contribuire ancor più all'atmosfera si è fatto grande uso del gaelico e delle musiche dell'epoca. Dal punto di vista museografico e storico, una delle esperienze migliori che si possano incontrare in tutta la Gran Bretagna.
All'uscita del museo, ricevuta un audioguida in sei lingue (compreso l'italiano) si raggiunge il campo di battaglia.
La prima cosa che probabilmente si noterà sono le due file di bandiere, blu e rosse che indicano lo schieramento dei due eserciti, rendendo immediatamente evidenti le linee e di conseguenza facilitando la comprensione dello svolgimento della battaglia.
Va ricordato come il campo di battaglia non sia un semplice luogo di interesse storico ma sia considerato cimitero di guerra, in cui riposano i corpi di più di duemila Caduti, e quindi viene richiesto un comportamento adeguato alla dignità del luogo.
L'edificio che cattura subito l'attenzione è l'Old Leanach Cottage, unico edificio rimasto dal 1746; rispetto ad allora è cambiato il tetto, oggi coperto di paglia, ed allora di zolle.
Gli interni riproducono come doveva essere il giorno della battaglia, quando venne usato come ospedale da campo britannico; i feriti giacobiti, invece vennero sistemati nell'adiacente ovile- oggi non più esistente, ma la cui reale esistenza è stata provata da sondaggi archeologici- e qui bruciati vivi dalle giubbe rosse.
A pochi metri dal cottage seguendo il sentiero, si incontra la Pietra degli Inglesi: l'epitaffio recita semplicemente Qui furono sepolti gli inglesi. In realtà non si sa dove sia il vero luogo di sepoltura dei cinquanta caduti britannici, perché la loro fossa comune, scavata il 17 aprile in un campo recintato non è mai stata rinvenuta: secondo l'archeologo T. Pollard si troverebbe molto più arretrata rispetto a quanto

---

1   *Culloden Battlefield visitor centre, Culloden Moor, Inverness, Highland IV2 5EU Tel: 0844 493 2159 Fax: 0844 493 2160 Email: culloden@nts.org.uk Www.nts.org.uk/culloden/*

▲ *Visuale del campo di battaglia oggi con i cippi commemorativi.*

si sia ritenuto finora, il che vorrebbe dire una penetrazione giacobita nelle linee inglesi ben maggiore di quanto riportato dai resoconti dell'epoca, avanzata confermata dal rinvenimento di pallottole per fucili Saint Etienne in dotazione ai giacobiti e di colpi a mitraglia ben all'interno delle linee inglesi[2]. Sul terreno lo schieramento dei reggimenti britannici è indicato da cartelli posti dal National Trust of Scotland.

I numerosi caduti scozzesi della Campbell Militia sono sepolti dove caddero, durante l'assalto contro i Cameron in ritirata.

Proseguendo verso Ovest si incontra il Well of Dead, il Pozzo dei Morti. Qui come ricorda il cartello, venne rinvenuto il corpo del capo del clan Chattan, Alexander MacGillivray:

Pozzo dei Morti. Qui cadde il capo dei MacGillivray.

Dopo la battaglia gli inglesi gettarono nel pozzo numerosi Highlanders caduti (e probabilmente molti ancora vivi) per risparmiare il tempo della sepoltura.

Ciò avviene anche nel Clotie Well, uno dei pozzi dei desideri diffusi nel Regno Unito, e nel St Mary's Well. La maggior parte delle lapidi scolpite nel granito nel 1881 per ricordare i caduti dei clan si trovano ai lati dalla B9006, che segue il percorso di una strada tracciata nel 1835; alcune di tali lapidi oggi non sono più esistenti. Le pietre recano i nomi dei clan Fraser, Stuart di Appin, Cameron e gli altri che presero parte alla battaglia, e sono poste sui tumuli sotto i quali sono le fosse comuni in cui vennero sepolti gli Highlanders, e sui quali, secondo la leggenda non crescerà mai più l'erica.

Non è certo che le fosse corrispondano realmente ai clan, ma è probabile, dato che le sepolture vennero eseguite dagli abitanti del luogo sotto la sorveglianza inglese, quindi da persone in grado di riconoscere i vari clan. La fossa che si pensa racchiuda i resti dei Mackintosh, il cui clan subì enormi perdite, è coperta da un tumulo lungo cinquanta metri[3].

---

2 *Si veda il prossimo capitolo dedicato all'archeologia del campo di battaglia.*
3 *Altre pietre commemorative si incontrano percorrendo la Culloden Clan Stones Walkway, poste successivamente a cura di vari clan ed associazioni. Eccone alcune:*
  1. CLAN MACLAREN CLANN LABHRAINN *Ab Origine Fidus*

Si notino sul terreno i cartelli di legno posti dal National Trust che indicano lo schieramento dei clan all'inizio della battaglia.

Al centro del campo si nota la torre circolare riproducente un cairn neolitico eretta nel 1881 da Duncan Forbes, proprietario di Culloden House, come monumento ai caduti nella battaglia, con un'iscrizione che recita:

La battaglia di Culloden fu combattuta su queste brughiere il 16 aprile del 1746.

Le tombe dei prodi Highlanders che si batterono per la Scozia e per il Principe Charlie sono segnate con i nomi dei loro clan.

Qui ogni 16 aprile la Gaelic Society of Inverness si raduna per commemorare i giacobiti, con reenactors e suonatori cornamuse.

A nord ovest del cairn si vede la pietra commemorativa dei Keppoch: in questo caso non segna il luogo di sepoltura del clan, ma il luogo dove cadde lord Keppoch, almeno stando alla tradizione.

Tornando sulla B9006, proseguendo verso ovest per mezzo miglio si incontra l'Irish Memorial eretto nel 1963 dalla Military History Society of Ireland che commemora i soldati irlandesi di Luigi XV che qui coprirono la ritirata dei clan; a poca distanza una piccola iscrizione ricorda il Royal Ecossois. Poco distante delle scuderie del XVIII secolo vennero utilizzate come alloggiamenti dai dragoni britannici dopo la battaglia.

Dopo il crocevia si incontra, in un campo privato a nord ovest di Culchunaig la Prince's Stone, che secondo la tradizione indica il punto dove Carlo si trovava prima di abbandonare il campo di battaglia.

La leggenda invece vorrebbe che il duca di Cumberland assistesse alla battaglia dal masso detto Cumberland 'is Stone, posto ai margini orientali del campo di battaglia, di fronte alla Keppoch Inn, presso il Visitor Centre: non è vero, perché il Duca rimase per tutto il tempo della battaglia dietro l'estremità destra della seconda linea.

Come accennato, i muretti originari a secco sono scomparsi, perché l'area è stata intensamente coltivata, e ne sono stati costruiti altri con direzioni diversi; anche Culloden House, dove Carlo Edoardo passò le poche ore tra la marcia fallita su Nairn, la puntata su Inverness in cerca di rifornimenti e la battaglia, e dove tenne l'ultimo tumultuoso consiglio di guerra, venne demolita e ricostruita nel 1772 come dimora signorile in stile palladiano, ed è oggi uno degli alberghi più rinomati del Regno Unito; le cantine sono ancora quelle dell'edificio dell'epoca della battaglia, e fino al 1897 erano conservate alcuni reperti della battaglia; il bastone da passeggio di Carlo Edoardo Stuart venne acquistato dalla regina Vittoria, grande ammiratrice del Principe e di tutto quanto era scozzese.

ARCHEOLOGIA DEL CAMPO DI BATTAGLIA.

Il campo di battaglia di Culloden è stato il primo campo di battaglia scozzese ad essere oggetto di una esplorazione archeologica, che ha finito per mutare profondamente quanto si sapeva, tramite gli storici,

2.		*VALIANT CHIEF ALEXANDER MACGILLIVRAY*
3.		*JOHN GRANT OF GLENMORISTON*
4.		*Clan MacLachlan, Fortes et Fidus.*
5.		*CLAN DONNACHAIDH ROBERTSONS REIDS DUNCANS ETC*
6.		*LANARKSHIRE*
7.		*EARSDEN AND MILNGAVIE*
8.		*McDONALD ELLICE CBE*
9.		*CLAN MacINTYRE. BRAVE LOYAL INDEPENDENT*
10.		*Clan Murray NAB. In Memory of the Men of Atholl*
11.		*CLAN CHISHOLM*
12.		*IN MEMORY OF THE CARNEGIES OF BOTH SIDES*
13.		*Clan MacBean In Memory of Gilles MacBean*
14.		*CLAN FERGUS(S)ON*
15.		*CLAN URQUHART TRUST AND GO FORWARD*
16.		*Carn-na-cuimhne Clan Farquharson*
17.		*Clan Oliphant Provide For All*
18.		*Clan Wallace*
19.		*Clan Pollock*
20.		*In Remembrance Of Our Fallen Clan MacTavish*

▶ *Bandiera del btg Angus, reggimento Ogilvy catturata a Culloden*

della battaglia.
La prima fase delle ricerche archeologiche ebbe luogo nel 2001, come parte della serie televisiva della BBC Two Men in a Trench, e continua da allora sotto gli auspici del National Trust for Scotland, nell'ambito del progetto per il Culloden Battlefield Memorial. Le ricerche condotte da Tom Pollard dell'Università di Glasgow e dal Centre for Battlefield Archeaolgy sono consistite in indagini con il metal detector, in analisi topografiche e geofisiche insieme a sondaggi di scavo veri e propri.
Particolarmente significative si sono rivelate le ricerche condotte con l'ausilio dei metal detector, che hanno rinvenuto una gran quantità di oggetti metallici, comprese palle di moschetto e di cannone, frammenti di bombe di mortaio, pezzi di moschetto, bottoni, fibbie ed oggetti personali come monete, una croce di peltro appartenuta a un giacobita e parte di una baionetta.
Ciò che rende però interessanti questi oggetti è il contesto archeologico di rinvenimento, che ha modificato quanto si credeva di sapere sulla battaglia.
Per esempio, la distribuzione dei rinvenimenti e l'individuazione delle struttura murarie quali i muretti di pietra a secco che compaiono nelle raffigurazioni e nelle mappe contemporanee alla battaglia, ha permesso di stabilire che essa ebbe luogo su una superficie più vasta di quanto si pensasse.
Il punto esatto dei brutali combattimenti all'arma bianca tra l'ala destra giacobita e la prima linea britannica con i reggimenti Munro e Barrell ebbero luogo molto più a sud di quanto creduto, indicato una maggiore penetrazione stuardista nelle linee di Cumberland. Questa è una fortuna, perché il cosiddetto Campo degli Inglesi, dove si trova il cippo commemorativo, e da dove provengono gran parte dei rinvenimenti riferibili alla mischia corpo a corpo è rimasto relativamente intatto dal 1746, mentre l'area più a nord era stata trasformata in vivaio nel XIX secolo.
Gli scontri all'arma bianca hanno lasciato tracce significative: per esempio questo è il solo luogo del campo di battaglia in cui è stato rinvenuto un gran numero di pallottole di pistola, sparate a breve distanza: si tratta sicuramente delle palle sparate dagli Highlanders prima di attaccare con le spade, poiché tra i britannici solo gli ufficiali erano armati di pistola, e il numero di palle rinvenuto è troppo elevato per essere stato sparato solo dagli ufficiali del Munro e del Barrell.
Sono stati rinvenuti pezzi di moschetti danneggiati da armi da fuoco e tranciati dalle claymores scozzesi, bottoni e fibbie e anche una granata metallica staccatasi dalla mitria di un granatiere inglese; ed è qui che è stato rinvenuto il maggior numero, oltre seicento, delle palle di fucile rinvenute sul campo di battaglia, molte delle quali rispecchiano le posizioni delle opposte linee di fuoco. Un gran numero sono palle di moschetti francesi, di calibro inferiore rispetto al calibro 0,75 usato dai Brown Bess britannici, anche se ciò

▲ *La fine della ribellione del 45..*
▶ *Caporale e soldato di un Highland regiment, nel 1744*

non vuol dire che questi ultimi fossero usati solo dai britannici, dato l'alto numero di fucili inglesi catturati alle Ruthven Barracks, a Prestonpans, a Falkirk e a Fort Augustus dai giacobiti. Anche senza tenere conto delle armi inglesi catturate, l'evidenza archeologica dimostra come gli Highlanders fossero assai meglio armati con armi da fuoco ,di quanto si è sempre ritenuto; del resto gli inglesi recuperarono sul campo di battaglia ben 2.320 fucili usati dai giacobiti, rispetto a 190 spade, una proporzione di dieci a una.

Alcune di queste palle sono cadute senza essere state sparate, altre mancarono il bersaglio, ma molte appaiono deformate per l'impatto con ossa umane o con parti di equipaggiamento: è stato rinvenuto il ponticello d'ottone di un moschetto Brown Bess che venne colpito da una palla e staccato di netto: sicuramente chi lo impugnava venne ferito o ucciso.

Sono stati rinvenuti vari oggetti personali: la croce in peltro già citata, ma anche uno scellino d'argento di Guglielmo III d'Orange, datato al 1689, sicuramente il portafortuna di un soldato protestante britannico: Guglielmo III aveva sostituito Giacomo II Stuart con la Glorious Revolution, ed era l'eroe dei protestanti allora come oggi nell'Ulster.

Un elemento che mostra la preoccupazione di Cumberland per la tenuta delle proprie linee sotto la pressione stuardista è dimostrata dai frammenti di ferro dei tiri a mitraglia (grapeshots) e dei proiettili di mortaio, che appaiono sparati talmente vicino alla linea inglese da far ritenere certo che parecchi soldati britannici siano caduti vittime di quello che oggi verrebbe definito friendly fire.

Se si sa dove sono sepolti gli Highlanders la cosa è molto meno certa per quanto riguarda i cinquanta- secondo le fonti ufficiali- caduti britannici, la cui tomba comune, scavata il 17 aprile del 1746, all'indomani della battaglia, non è mai stata rinvenuta: alcune ossa ritrovate nel XIX secolo fecero ipotizzare si trovasse dov'è ora il cippo commemorativo, nel Campo degli Inglesi; Pollard è convinto che, grazie alla geofisica ed a una moneta d'argento tedesca si possa ritenere di aver individuato la sepoltura dei soldati britannici. La moneta è un tallero d'argento del ducato di Schwerin-Mecklemburgo data 1752, difficile da trovare in Gran Bretagna, e con tutta probabilità appartenuta ad un soldato che aveva combattuto in Europa nella Guerra dei Sette Anni, ma che più tardi venne trasferito nella Scozia settentrionale, forse nel vicino Fort George, e che avrebbe potuto perdere la moneta durante una visita sulla tomba dei soldati britannici: Pollard grazie ai rilevatori geofisici ha individuato, nel punto esatto dove è stato rinvenuto il tallero d'argento una grande fossa funeraria scavata con angoli acuti, con maggior cura rispetto alle fosse comuni dei clan giacobiti, scavate in tutta fretta.

Le indagini geofisiche hanno fatto scoprire come il campo di battaglia nel 1746 fosse meno piatto di oggi dopo il lavori agricoli del XIX secolo, ed anche rispetto a quanto indicato dalle carte del XVIII secolo, ma comprendeva un terreno più ondulato e mosso che potrebbe aver condizionato l'avanzata delle truppe giacobite, offrendo loro maggiore protezione dalla prima salva britannica rispetto a quanto creduto finora, allo stesso modo di come la presenza di un sentiero nella brughiera potrebbe aver facilitato almeno una parte dell'attacco, fatti questi ignorati dagli storici successivi.

Altri esami hanno riguardato le strutture murarie, come quelle di Old Leanach, dimostrando che l'edificio originario venne quantomeno rimaneggiato; venne dimostrato che i muri affioranti di quello che si riteneva essere il luogo dell'eccidio dei trenta giacobiti bruciati vivi erano i resti di un cortile del XIX secolo, mentre l'ovile dove ebbe luogo il massacro era leggermente più spostato, una capanna di zolle e non costruita in pietre a secco, come mostrano le mappe dell'epoca.

I FANTASMI DI CULLODEN

Can you hear them, can you see them
Marching proudly across the moor,
Hear the wind blow thru the drifting snow,
Tell me can you see them, the ghosts of Culloden.

A livello popolare, la Scozia è la terra dei fantasmi per eccellenza.
Basta recarsi ad Edimburgo per imbattersi in uno dei numerosissimi ghost tours che a pagamento procurano, o vorrebbero procurare brividi ai turisti sulle tracce di veri o spesso presunti spettri.

Un luogo tanto carico di una storia così drammatica e sanguinosa come il campo di battaglia di Culloden Moor non può, e non fa, eccezione, prova, se mai ce ne fosse stato bisogno, di come la memoria storica dell'ultima battaglia giacobita abbia colpito la memoria e la fantasia degli abitanti delle Highlands. Le leggende tramandate per generazioni tra gli abitanti della zona di Drumossie e Culloden spesso hanno trovato un riscontro concreto sia tra le cronache dell'epoca sia nelle ricerche archeologiche iniziati nei primi anni del XXI secolo; non sembri quindi fuori luogo trattarne qui, perché sono la prova più viva della memoria popolare della battaglia del 16 aprile 1746.

Secondo la tradizione scozzese, l'erica onnipresente nella brughiera non cresce sui tumuli che segnano le sepolture dei clan, e mai, neppure d'estate, gli uccelli cantano sul campo di battaglia di Culloden.

Secondo la tradizione popolare, nelle giornate e nelle notti di nebbia, soprattutto nell'anniversario della battaglia- ma si ricordi come il 16 aprile del vecchio calendario corrisponda al 27 aprile- si udrebbero rulli di tamburo, squilli di tromba, scariche di fucileria e le grida di battaglia dei clan.

In particolare, presso il cottage (blackhouse) di Old Leanach, l'unico edificio risalente al tempo della battaglia ancor oggi esistente, che si trova al centro del campo di Culloden, dove in un ovile oggi non più esistente vennero bruciati vivi trenta giacobiti feriti si sentirebbero provenire ancor oggi lamenti e urla disperate.

Nel 2006 una famiglia riferì di aver sentito il rumore di zoccoli di cavalli invisibili.

Gli spettri dei clansmen apparirebbero in corrispondenza dei massi che segnano le fosse comuni, in particolare ai discendenti del clan dotati della seconda vista, la credenza nella quale è tutt'oggi molto diffusa in Scozia.

Tra gli spettri più noti di Culloden c'è quello di un highlander di alta statura che vaga sul campo di battaglia avvolto nel grande plaid che a detta di diversi testimoni sussurrerebbe la parola Defaited!

Una visitatrice di Edimburgo sostenne di aver visto, nell'agosto 1936, un plaid steso presso uno dei tumuli dove sono sepolti i clansmen che sembrava coprire qualcosa; incuriosita lo sollevò, e sotto vide il corpo senza vita di un

◄ *Scudo portato dal Principe Carlo a Culloden.*

► *William_Hogarth le Guardie lasciano Londra per affrontare i giacobiti nel 1745* soldato giacobita.

Un altro posto considerato infestato è il Pozzo dei Morti, dove venne rinvenuto dopo la battaglia il corpo di Alexander MacGillivray, capo del clan Chattan e nel quale vennero gettati diversi caduti; si dice che nell'acqua appaiano spesso volti evanescenti con acconciature settecentesche.

Spettri di Highlanders caduti in battaglia sono stati visti aggirarsi anche presso il St Mary's Well; presso il Clotie Well (Pozzo dello Straccio) ancora oggi la gente offre cibo agli spiriti dei clansmen caduti e lega nastri colorati per propiziarsi la protezione dei morti nella battaglia, mescolando in una forma di sincretismo i caduti, il Piccolo Popolo delle leggende celtiche e gli antichi dei: qui nella Culloden's Sunday, ai primi di maggio, ossia la prima domenica dopo il 27 aprile, anniversario- vero- della battaglia, molti attingono da bere al pozzo e formulano un desiderio, gettando una monetina nell'acqua per gli spiriti dei morti in battaglia che lo abitano. Poi un pezzo di straccio, chiamato clotie, viene legato come offerta funebre al ramo di un albero vicino, e viene lasciato là finché non marcisca, perché rimuoverlo prima porterebbe la maledizione dei morti su chi lo tolga[1].

A cinque miglia dal campo di battaglia di Culloden sorge Auchindone House, dove il proprietario, Hamish Munroe, nascose numerosi stuardisti. Purtroppo, una pattuglia di soldati britannici scoprì i giacobiti nascosti, e ne massacrò alcuni schiacciando loro la testa con il calcio dei moschetti, e fucilando gli altri insieme a Munroe. Nel cortile sono ancora visibili i segni delle pallottole sui muri di cinta.

Un suo discendente, il dottor Hector Munroe, di ritorno da una battuta di caccia, trovò che il salone, malgrado il fuoco nel camino, fosse gelido, e udì distintamente una voce ordinare Get out! l'ordine dato dalle red coats al suo antenato ed ai giacobiti. All'esterno la temperatura era piuttosto elevata. L'esperienza sarebbe stata vissuta in seguito anche da altri membri della famiglia.

---

1   *Janet e Colin Bord, Mysterious Britain, London 1972   (tr.it. Britannia misteriosa, Milano 1975, p. 169)*

La gente del luogo giura di udire tamburi e suoni di cornamusa[2].

Una leggenda piuttosto sinistra legata al campo di battaglia è quella del misterioso uccello di enormi dimensioni, dalle ali simili a quelle di un pipistrello ed un volto umano dagli occhi rossi e luminosi, in tutto simile ad un'arpia, che sarebbe apparso a diversi testimoni, tra cui Lord Murray, la notte prima della battaglia, per scomparire nel nulla e non essere più vista; l'apparizione venne considerata di cattivo auspicio, e divenne nota nelle leggende come the Great Skree of Culloden.

Ma, a quanto si dice, comparirebbe ancora. Nel 1996, a novembre, tre membri della società di ricostruzione storica giacobita The White Cockade Battle Reenactors[3] stavano camminando attraverso la brughiera di Culloden subito dopo il tramonto. Con l'approssimarsi del 250 anniversario della battaglia si temevano atti vandalici, e la direzione del sito aveva chiesto la collaborazione dei reenactors per pattugliare volontariamente il campo di battaglia nottetempo. Questo è il racconto di uno di loro, Mark, guida presso l'agenzia Alba Adventures di Inverness, e che conosce quindi bene il luogo:

La luna splendeva mentre camminavamo attraverso la brughiera, mentre un velo di nebbia iniziava a formarsi. Sebbene la serata fosse fredda, era una di quelle serate d'inverno che ti fanno sentire contento di essere all'aperto. Stavo guardando verso le linee governative quando l'ho visto. Ho attirato l'attenzione degli altri su quello che pareva un grosso ombrello nero e rotto, in mezzo al sentiero, vicino alla bandiera. Immaginate la nostra sorpresa quando si è mosso e tirato su dal suolo, simile ad un gigantesco pipistrello nero. Si è innalzato in cielo, sebbene non sia andato lontano, e dopo essere rimasto lì per qualche secondo, è scomparso. Non è volato via. E' proprio scomparso, svanito davanti ai nostri occhi, come l'immagine su una vecchia TV- phtttt!- in una linea piatta, poi è andato. Il giorno dopo abbiamo raccontato dell'incontro con il direttore del campo di battaglia. Ha detto che avevamo incontrato lo Skree di Culloden[4].

Nel castello di Culloden House, oggi uno degli hotel più belli di Scozia, sarebbe apparso più volte un fantasma vestito di grigio,

Uno strano uomo molto alto, vestito completamente col tartan, un plaid grigio, in cui la proprietaria, che lo avrebbe visto in una sera di luglio, sostenne di aver riconosciuto il Bonnie Prince Charlie, che qui trascorse la parte finale della notte prima della battaglia, dopo la fallita marcia su Nairn (e dove poté avere solo qualche galletta e del whisky). Purtroppo, la Culloden House originaria venne demolita nel 1772 per far posto ad una dimora signorile...

Lungo la strada B9006, che segue il percorso della marcia notturna dei giacobiti nella notte del 15 aprile, presso il castello di Kilravock a volte si odono nottetempo dei rumori simili a quelli di una moltitudine in marcia, come testimoniano due anziane abitanti della zona, a quanto affermano di aver sentito l'esercito invisibile cinque volte in un anno.

Più dettagliata è la storia di quanto avvenuto a Nairn, il primo novembre 2014, intorno alle 23.30, quando tre persone che erano uscite per portare i propri cani a passeggiare, udirono un rumore di passi e un di chiacchiericcio in lontananza, che si avvicinavano; quando il rumore fu vicino si accorsero che erano passi in cadenza di marcia, accompagnati dal rullo di tamburi, senza che nulla e nessuno fosse visibile. I tre si misero a correre, seguiti dai passi cadenzati, che alla fine li sorpassarono svanendo in lontananza. L'esperienza, che durò circa due minuti, ebbe luogo presso Boath House, dove era accampato l'esercito del duca di Cumberland, nei pressi della A96 che conduce ad Inverness, che compie lo stesso percorso della via seguita dai britannici per raggiungere il campo di Culloden[5].

Che gli spiriti di Culloden esistano o meno, e sarebbe bello pensare che le tante testimonianze su di loro siano attendibili, di sicuro esiste una struggente ballata su di loro, cantata dagli Isla Grant, di cui abbiamo riportato il brano all'inizio del capitolo, basata appunto su queste leggende:

---

[2]   Roberto Borin, *Castelli e fantasmi di Scozia*, Lugano 2000, pp. 69- 71.
[3]   Gli stessi che ogni 16 aprile organizzano le commemorazioni sul campo di battaglia.
[4]   H. G. Allison, *Culloden Tales, Stories from Scotland's Most Famous Battlefield*, Edinburgh- London 2011. *Lo skree non sarebbe apparso solo a Culloden: il 22 maggio 1915 sarebbe apparso sulla stazione di Larbert mentre un reparto di Royal Scots stava per salire su un treno; spaventati, i soldati non volevano salòire, ma furono obbligati dai superiori: il treno deragliò quello stesso giorno, uccidendo o ferendo la maggior parte dei passeggeri- Un'altra apparizione si ebbe nell'estate del 1993 presso Glencoe, il teatro del massacro del 1692, quando i Campbell massacrarono 38 appartenenti al clan MacDonald accusandoli di essere giacobiti. In realtà, potrebbe trattarsi di un tarabuso (Botaurus Stellaris), un uccello notturno di palude dall'apertura alare di oltre un metro e dal verso simile ad un muggito, udibile di notte o all'imbrunire.*
[5]   Www.paranormaldatabase.com/highlands/Higdata

Can you hear them, can you see them
Marching proudly across the moor,
Hear the wind blow thru the drifting snow,
Tell me can you see them, the ghosts of Culloden.

Many bravely fought and sadly they were slain,
But they died with such pride and dignity,
Their lives were not in vain,
We still remember them,
They fought to save their land, and died for liberty.

Thru the mist you'll hear - a lonely piper play,
Listen carefully - you'll hear - a mournful cry,
Swords and bayonets crash - as man to man they clash,
They came to fight to live - and now they die.

▲ Highlander a Culloden prima della fatale carica.

CRONOLOGIA

1688 - The Glorious revolution: Giacomo II Stuart deve abbandonare l'Inghilterra.
1689 - Guglielmo d'Orange e Maria Stuart proclamati sovrani d'Inghilterra.
1689 - Prima rivolta giacobita.
1701- Muore Giacomo II; il trono inglese rivendicato dal figlio Giacomo, come Giacomo III d'Inghilterra e VIII di Scozia (the Old Pretender).
1702 - Muore Guglielmo III; gli succede la regina Anna Stuart, figlia di Giacomo II e sorellastra dell'Old Pretender Giacomo III.
1707- Atto di Unione tra Inghilterra e Scozia: nasce il Regno Unito di Gran Bretagna e Irlanda.
1708 - Seconda rivolta giacobita.
1715 - Terza rivolta giacobita.
1719 - Quarta rivolta giacobita.
1720 - 31 dicembre: nasce a Roma Carlo Edoardo Stuart, principe di Galles.
1727- Giorgio II di Hannover diventa re di Gran Bretagna.
1740 - Muore l'imperatore Carlo VI d'Asburgo, e gli succede la figlia Maria Teresa; scoppia la guerra di Successione Austriaca. Austria, Sardegna e Inghilterra si alleano contro Prussia, Francia, Spagna e Baviera.
1744- Gennaio- Carlo Edoardo Stuart lascia clandestinamente Roma diretto in Francia.
Marzo- Le tempeste che distruggono la flotta francese portano all'abbandono dei piani di invasione del Kent.

1745 - 11 maggio- Battaglia di Fontenoy. I francesi del maresciallo de Saxe sconfigge gli anglo- tedeschi del duca di Cumberland.
16 luglio- Carlo salpa della Francia
25 luglio- Le navi francesi du Teillay e Elisabeth gettano l'ancora al largo di Arisaig, in Scozia.
3 agosto- Carlo arriva in Scozia con soli sette compagni.
19 agosto- In nome di suo padre, re Giacomo III, Carlo innalza lo stendardo reale a Glenfinnan.
30 agosto- 4 settembre- Carlo marcia su Perth e Blair Castle.
17 settembre- Carlo entra ad Edimburgo.
21 settembre- Battaglia di Prestonpans. Le truppe britanniche del generale Cope sconfitte dai giacobiti.
21 settembre- 1 novembre- Le truppe giacobite si stanziano ad Edimburgo e ne assediano la cittadella.
Ottobre- Il duca di Cumberland richiamato dalle Fiandre.
8 novembre- Invasione giacobita dell'Inghilterra.
5 dicembre- A Derby, Carlo decide di ritirarsi dall'Inghilterra.
17 dicembre- La retroguardia giacobita respinge l'avanguardia di Cumberland a Clifton.
20 dicembre- L'esercito delle Highlands ritorna in Scozia.

1746 - 17 gennaio- Battaglia di Falkirk. Le truppe britanniche del generale Hawley sconfitte dai giacobiti,
30 gennaio- Il duca di Cumberland arriva a Leigh.
1 febbraio- I giacobiti si ritirano nelle Highlands.
8 aprile- L'esercito britannico lascia Aberdeen.
11 aprile- Il duca di Cumberland raggiunge Cullen.
14 aprile- Carlo esce da Inverness, diretto a Culloden Moor; il duca di Cumberland attraversa il fiume Spey. Si accampa a Nairn.
15 aprile- Marcia notturna dei giacobiti per sorprendere le truppe di Cumberland, ma alla fine tornano indietro.
16 aprile. Battaglia di Culloden Moor.
17 aprile- I britannici seppelliscono i loro caduti, e massacrano i prigionieri giacobiti. Carlo ordina lo scioglimento dell'esercito delle Highlands
19 aprile- Resa dei reparti di Luigi XV.
20 aprile- 18 settembre- Carlo nelle Ebridi.
17 maggio- Cumberland riprende Fort Augustus.
18 maggio- Lochiel sbanda gli uomini del suo clan.
19 settembre- Carlo si imbarca a Barrodale.
30 settembre- Carlo sbarca in Francia.

BIBLIOGRAFIA

Anonimo, A Genuine and True Journal of the Most Miracolous Escape of the Youn Chevalier from the Battle of Culloden to his landing in France, etc., London 1749

Anonimo (Lord G. Murray of Atholl?), A Particular Account of the Battle of Culloden, April 16, 1746, in a Letter from an Officier of the Highland Army, to his Friend at London, London 1749

Anonimo, A Copy of a Letter from a Gentleman in London to his Friend at Bath, London 1750

H. Acton, The Borbouns of Naples (1734- 1825), London 1956 (trad.it. I Borboni di Napoli (1734- 1825), Firenze 1997)l

H. G. Allison, Culloden Tales,Stories from Scotland's Most Famous Battlefield, Edinburgh-London 2011

M.S. Anderson, The War of the Austrian Succession 1740- 1748, London- New York 1995

P. Anderson, Culloden Moor and Story of the Battle, Stirling 1867,

M. Barthrop, The Jacobite Rebellions, 1689- 1745, Oxford 1982

P. Bindelli, Enrico Stuart Cardinale Duca di York, Frascati 1982

J, Black, Culloden and the '45, London 1991

D. Carey, Lochiel: Or, the Field of Culloden, London 1820

R. Chambers (cur.) Jacobites Memoirs of the Rebellion of 1745. Edited from the Manuscripts of the late rev. Robert Forbes, A.M., Bishop of the Scottish Episcopal Church, London 1834

R. Chambers, History of the Rebellion in Scotland in 1746, 1746, 2 voll., Philadelphia 1883.

G. Charles, History of the Transactions in Scotland, in the Years 1715- 16, and 1745-46, Leith 1817, p.304.

E. Charteris, William Augustus, Duke of Cumberland, London 1913

D. Clark, A Brief Guide to British Battlefields. From Roman Occupation to Culloden, London 2015

R.D. Cramon, The Objectives of the National Trust of Scotland's Visitor Centre at Culloden Battlefield, p.66. Il testo è scaricabile sul sito ufficiale del Culloden's Battlefield.

C. Duffy, The '45: Bonnie Prince Charlie and the untold story of the Jacobite Rising, London 2003

C. Duffy, Fight for a Throne. The Jacobite '45 Reconsidered, London 2015

D. Elcho (Lord), A Short Account of the Affairs of Scotland in the Years 1744, 1745 and 1746, Edinburgh 1907

A.C. Ewald, Life and Times of Prince Charles Stuart, Count of Albany, Commonly Called the Young Pretender: From the State Papers and Other Sources . London, 1875

G. Fremont- Barnes, The Jacobite Rebellion 1745- 46, Oxford 2011

L. e F. Funcken, Les uniformes et les armes des soldats de la guerre en dentelle, 2 voll, Bruxelles 1975

P. Harrington, Culloden 1746, The Highland Clans' last Charge, Oxford 1993

J. A. Houlding, Fit for Service. The training of the British Army 1715- 1795, Oxford 1981

K.L. Klose, Leben des Prinzen Carl, aus dem Hause Stuart, (Grafen von Albany,) Prätendenten der Krone von Großbritannien, Leipzig 1842 (tr. ingl. Memoirs of Prince Charles Stuart, (Count of Albany), commonly called the Young Pretender; with notices of the rebellion in 1745, II voll, London 1845- 1846)

J. Maxwell of Kirkonnell, esq., Narrative of Charles Prince of Wales' Expedition to Scotland in the Year 1745, Edinburgh 1841

F. McLean, Bonnie Prince Charlie, London 1988

Chevalier de Johnstone, Memoirs of the Rebellion of 1745 and 1746, London 1820, (riedito nel 1958 come A Memory of the Forty- Five, London)

M. McKerracher, Jacobite Dictionary, Glasgow 2007

C. Maclean, Scottish Clans and Tartans, Belfast 2008

F. McLinn, The Jacobite Army in England, Edinburgh 1983.

F. Mc Linn, Charles Edward Stuart, a Tragedy in many Acts, London 1988

Cpt.[C.] O'Neil, A Narrative of the Wanderings of Princes Charles Edward after the Battle of Culloden, sil 1873

T. Pollard, Culloden Battlefield: Report on the Archaeological Investigation. GUARD report 1981. Glasgow 2006

T.Pollard, Culloden. The History and Archaeology of the last Clan Battle, Glasgow 2009

J. Prebble, Culloden, London 1961

J. Prebble, The Highland Clearances, London 1982

D. Preston, The Road To Culloden Moor: Bonnie Prince Charlie and the '45 Rebellion, London 1996

C. Petrie, Gli Stuart, trad.it. Milano 1964

S. Reid, 1745, A Military History of the Last Jacobite Rising, London 1996

S. Reid, Highland Clansman 1689- 1746, Oxford 1997

S. Reid, Culloden Moor 1746: The Death of Jacobite Cause, Oxford 2002

S. Reid, Culloden 1746. Battlefield Guide, South Yorkshire 2005

S. Reid, Cumberland's Culloden Army, Oxford 2012

S. Reid, The Scottish Jacobite Army, Oxford 2012

S. Reid, Scottish National Dress and Tartan, Oxford 2013

J. L. Roberts, The Jacobite Wars: Scotland and the Military Campaigns of 1715 and 1745, Edinburgh 2002

J. Sadler, Culloden. Last Charge of the Highlands Clans, London 2006

J. Sadler, Scottish Battles, London 2012

W.A. Speck, The Butcher, Oxford 1981

T. Smibert, The Clans of the Highlands of Scotland, Edinburgh 1850

A.T Thomson, Memoirs of the Jacobites of 1715 and 1745London 1846

Hugh Trevor- Roper, The Invention of Scotland. Myth and History, New Haven- London 2009.

K. Tomasson, The Jacobite General, Edinburgh 1958

K. Tomasson, F. Bruist, Battles of '45, London 1962

H. Trevord- Roper, The Invention of Scotland. Myth and History, New Haven- London, 2009

S. Wilkinson (ed.), British Soldier Heroes from Cromwell to Wellington, Haymarket sd

Utilissimo per l'indicazione delle fonti archivistiche anche
http://data.historic-scotland.gov.uk/data/docs/battlefields/culloden_full.pdf

Merita infine di venir ricordato lo splendido documentario in bianco e nero diretto da Peter Wilkins per la BBC nel 1964, Culloden, esemplare ancora oggi per la precisione storica- almeno per quelle che erano le conoscenze dell'epoca- e ricostruttiva e per la vivacità del resoconto in stile reportage giornalistico.

www.ingramcontent.com/pod-product-compliance
Lightning Source LLC
LaVergne TN
LVHW070446070526
838199LV00037B/701